Saveurs Équilibrées

Recettes Faibles en Sodium pour une Santé Rayonnante

Élise Dupont

Content

Soupe de truite et de carotte 12

Ragoût de dinde et fenouil 13

soupe d'aubergines 14

crème de patate douce 15

Soupe au poulet et aux champignons 16

poêlée de saumon 18

Salade de pommes de terre 19

Casserole de boeuf haché et tomates 21

Salade de crevettes et avocat 22

Crème de brocoli 23

Soupe aux choux 24

Soupe de céleri et chou-fleur 25

Soupe au porc et poireaux 26

Salade de crevettes à la menthe et au brocoli 27

Soupe de crevettes et morue 29

Mélange de crevettes et d'oignons verts 31

ragoût d'épinards 32

Mélange de chou-fleur au curry 33

Ragoût de carottes et courgettes 34

Ragoût de chou frisé et de haricots verts 36

Soupe aux champignons 37

porc chili 38

Salade de Champignons au Poivron et Saumon 39

Un mélange de pois chiches et de pommes de terre 41

- Mélange de poulet à la cardamome ... 43
- lentilles au piment ... 45
- endives au romarin ... 46
- endives au citron ... 47
- pesto d'asperges ... 48
- carotte au paprika ... 49
- cocotte de pommes de terre crémeuse ... 50
- chou sésame ... 51
- brocoli coriandre ... 52
- Chili aux choux de Bruxelles ... 53
- Choux de Bruxelles et mélange d'oignons verts ... 54
- purée de chou-fleur ... 55
- salade d'avocats ... 56
- Salade de radis ... 57
- salade d'endives ... 58
- Un mélange d'olives et de maïs ... 59
- Salade de roquette et pignons de pin ... 60
- amandes et épinards ... 61
- Salade de haricots verts et maïs ... 62
- Salade d'endives et choux ... 63
- nous mangeons de la salade ... 64
- Salade de raisin et d'avocat ... 65
- Mélange d'aubergines à l'origan ... 66
- mélange de tomates rôties ... 67
- champignons au thym ... 68
- Ragoût d'épinards et de maïs ... 69
- Faire revenir le maïs et la ciboulette ... 70

Salade d'épinards et de mangue 71

pomme de terre à la moutarde 72

Choux de Bruxelles à la noix de coco 73

carotte sauge 74

Champignons à l'ail et au maïs 75

pesto de haricots verts 76

tomate à l'estragon 77

Betterave Amande 78

Tomate menthe et maïs 79

Sauce courgette et avocat 80

Mélange pomme et chou 81

betterave rôtie 82

chou à l'aneth 83

Salade de choux et carottes 84

Sauce tomate et olives 85

Salade de courgettes 86

Salade de carottes au curry 87

Salade de laitue et de betterave 88

radis aux herbes 89

Mélange de fenouil rôti 90

poivrons grillés 91

Ragoût de dattes et de chou frisé 92

mélange de haricots noirs 93

Un mélange d'olives et d'endives 94

Salade de tomate et de cocombre 95

Salade de poivrons et carottes 96

Un mélange de haricots noirs et de riz 97

Un mélange de riz et de chou-fleur	98
mélange de haricots balsamique	99
betterave crémeuse	100
Mélange avocat et poivron	101
Patates douces et betteraves rôties	102
chou braisé	103
carottes assaisonnées	104
artichauts au citron	105
Brocoli, haricots et riz	106
Mélange de citrouille rôtie	107
asperges crémeuses	108
Mélange de navets au basilic	109
Un mélange de riz et de câpres	110
Un mélange d'épinards et de chou	111
Mélange de crevettes et d'ananas	112
Saumon et olives vertes	113
saumon et fenouil	114
cabillaud et asperges	115
crevettes épicées	116
loup de mer et tomate	117
crevettes et haricots	118
Mélange de crevettes et de raifort	119
Salade de crevettes et estragon	120
parmigiana de morue	121
Mélange de tilapia et d'oignons rouges	122
salade de truite	123
truite balsamique	124

persil persil	125
Salade de truite et légumes	126
saumon au safran	127
Salade de crevettes et pastèque	128
Salade de crevettes à l'origan et au quinoa	129
Salade de crabe	130
pétoncles balsamiques	131
Mélange de sole crémeuse	132
Mélange épicé de saumon et de mangue	133
Mélange de crevettes à l'aneth	134
Pâté de saumon	135
crevettes à l'artichaut	136
Crevettes sauce au citron	137
Un mélange de thon et d'orange	138
curry de saumon	139
Mélange saumon et carotte	140
Mélange de crevettes et pignons de pin	141
Morue aux Poivrons et Haricots Verts	142
pétoncles à l'ail	143
Mélange crémeux de loup de mer	144
Un mélange de bar et de champignons	145
soupe de saumon	146
Noix de muscade aux crevettes	147
Mélange de crevettes et fruits rouges	148
truite citronnée au four	149
Pétoncles à la ciboulette	150
côtelettes de thon	151

poêle à saumon	152
mélange de cabillaud à la moutarde	153
Mélange de crevettes et d'asperges	154
cabillaud et petits pois	155
Bols de crevettes et de moules	156
crème de menthe	157
pouding aux framboises	158
barres aux amandes	159
mélange de pêches rôties	160
Gâteau aux noix	161
tarte aux pommes	162
crème à la cannelle	163
Mélange crémeux aux fraises	164
Brownies à la vanille et aux pacanes	165
gâteau aux fraises	166
pouding au cacao	168
Crème de noix de muscade à la vanille	169
crème d'avocat	170
crème de framboise	171
salade de pastèque	172
Mélange poire et noix de coco	173
confiture de pomme	174
ragoût d'abricot	175
Mélange citron cantaloup	176
crème onctueuse à la rhubarbe	177
bols d'ananas	178
ragoût de myrtilles	179

Pudding au citron	180
crème de pêche	181
Mélange cannelle et prune	182
Pommes Chia et Vanille	183
Pouding au riz et aux poires	184
ragoût de rhubarbe	185
crème de rhubarbe	186
salade de myrtilles	187
Crème de dattes et banane	188
petits pains aux prunes	189
Bols de pruneaux et raisins secs	190
barres de tournesol	191
Bols aux canneberges et noix de cajou	192
Bols d'oranges et de mandarines	193
Crème de potiron	194
Un mélange de figues et de rhubarbe	195
banane épicée	196
cocktail de cacao	197
barres de banane	198
Barres au thé vert et aux dattes	199
crème de noix	200
Gâteau au citron	201
barres aux raisins secs	202
carrés de nectarine	203
ragoût de raisin	204
crème de mandarine et de prune	205
Crème Cerise et Fraise	206

Noix de cardamome et riz au lait 207

pain aux poires 208

Riz au lait et cerise 209

ragoût de pastèque 210

pouding au gingembre 211

crème de cajou 212

biscuits au chanvre 213

Bols aux amandes et à la grenade 214

Cuisses de poulet et légumes au romarin 215

Poulet aux carottes et au chou 217

Sandwich aux aubergines et à la dinde 218

Soupe de truite et de carotte

Temps de préparation : 10 minutes
Temps de cuisson : 25 minutes
Portions : 4

Ingrédients:
- 1 oignon jaune, haché
- 12 tasses de bouillon de poisson à faible teneur en sodium
- 1 livre de carottes, tranchées
- 1 livre de filets de truite, désossés, sans peau et coupés en dés
- 1 cuillère à soupe de paprika doux
- 1 tasse de tomates, coupées en dés
- 1 cuillère à soupe d'huile d'olive
- poivre noir au goût

Instructions:
1. Faites chauffer une poêle avec de l'huile d'olive à feu moyen, ajoutez l'oignon, remuez et faites revenir pendant 5 minutes.
2. Ajouter le poisson, les carottes et les autres ingrédients, porter à ébullition et cuire à feu moyen pendant 20 minutes.
3. Répartir la soupe dans des bols et servir.

Nutrition: calories 361, lipides 13,4, fibres 4,6, glucides 164, protéines 44,1

Ragoût de dinde et fenouil

Temps de préparation : 10 minutes
Temps de cuisson : 45 minutes
Portions : 4

Ingrédients:
- 1 poitrine de dinde sans peau, désossée et coupée en cubes
- 2 bulbes de fenouil hachés
- 1 cuillère à soupe d'huile d'olive
- 2 feuilles de laurier
- 1 oignon jaune, haché
- 1 tasse de tomates en conserve, non salées
- 2 bouillons de bœuf à faible teneur en sodium
- 3 gousses d'ail, hachées
- poivre noir au goût

Instructions:
1. Faites chauffer une poêle avec de l'huile à feu moyen, ajoutez l'oignon et la viande et faites revenir pendant 5 minutes.
2. Ajouter le fenouil et les autres ingrédients, porter à ébullition et cuire à feu moyen pendant 40 minutes en remuant de temps en temps.
3. Répartir le ragoût dans des bols et servir.

Nutrition: Calories 371, Lipides 12,8, Fibres 5,3, Glucides 16,7, Protéines 11,9

soupe d'aubergines

Temps de préparation : 10 minutes
Temps de cuisson : 30 minutes
Portions : 4

Ingrédients:
- 2 grosses aubergines, tranchées grossièrement
- 1 litre de bouillon de légumes à faible teneur en sodium
- 2 cuillères à soupe de pâte de tomate non salée
- 1 oignon rouge, haché
- 1 cuillère à soupe d'huile d'olive
- 1 cuillère à soupe de coriandre, hachée
- Une pincée de poivre noir

Instructions:
1. Faire chauffer une poêle avec de l'huile d'olive à feu moyen, ajouter l'oignon, remuer et faire revenir pendant 5 minutes.
2. Ajouter l'aubergine et les autres ingrédients, placer sur feu moyen, cuire 25 minutes, répartir dans des bols et servir.

Nutrition: Calories 335, Lipides 14,4, Fibres 5, Glucides 16,1, Protéines 8,4

crème de patate douce

Temps de préparation : 10 minutes
Temps de cuisson : 25 minutes
Portions : 4

Ingrédients:
- 4 tasses de bouillon de légumes
- 2 cuillères d'huile d'avocat
- 2 patates douces, pelées et coupées en dés
- 2 oignons jaunes, hachés
- 2 gousses d'ail, hachées
- 1 tasse de lait de coco
- Une pincée de poivre noir
- ½ cuillère à café de basilic, haché

Instructions:
1. Faites chauffer une poêle avec de l'huile d'olive à feu moyen, ajoutez l'oignon et l'ail, remuez et faites revenir pendant 5 minutes.
2. Ajouter la patate douce et les autres ingrédients, porter à ébullition et cuire à feu moyen pendant 20 minutes.
3. Réduire la soupe en purée avec un mélangeur à immersion, verser dans des bols et servir pour le déjeuner.

Nutrition: Calories 303, Lipides 14,4, Fibres 4, Glucides 9,8, Protéines 4,5

Soupe au poulet et aux champignons

Temps de préparation : 10 minutes
Temps de cuisson : 30 minutes
Portions : 4

Ingrédients:
- 1 litre de bouillon de légumes, faible en sodium
- 1 cuillère à soupe de gingembre, râpé
- 1 oignon jaune, haché
- 1 cuillère à soupe d'huile d'olive
- 1 livre de poitrine de poulet sans peau, désossée et coupée en cubes
- ½ livre de champignons blancs tranchés
- 4 piments thaï hachés
- ¼ tasse de jus de citron
- ¼ tasse de coriandre, hachée
- Une pincée de poivre noir

Instructions:
1. Faites chauffer une poêle avec de l'huile d'olive à feu moyen, ajoutez l'oignon, le gingembre, le poivron et la viande, mélangez et faites revenir 5 minutes.
2. Ajouter les champignons, remuer et cuire encore 5 minutes.
3. Ajouter le reste des ingrédients, porter à ébullition et cuire à feu moyen encore 20 minutes.
4. Répartir la soupe dans des bols et servir immédiatement.

Nutrition: Calories 226, Lipides 8,4, Fibres 3,3, Glucides 13,6, Protéines 28,2

poêlée de saumon

Temps de préparation : 10 minutes
Temps de cuisson : 20 minutes
Portions : 4

Ingrédients:
- 4 filets de saumon désossés
- 3 gousses d'ail, hachées
- 1 oignon jaune, haché
- poivre noir au goût
- 2 cuillères à soupe d'huile d'olive
- jus de 1 citron vert
- 1 cuillère à soupe de zeste de citron, râpé
- 1 cuillère à soupe de thym, haché

Instructions:
1. Faites chauffer une poêle avec de l'huile d'olive à feu moyen, ajoutez l'oignon et l'ail, remuez et faites revenir pendant 5 minutes.
2. Ajouter le poisson et cuire 3 minutes de chaque côté.
3. Ajouter le reste des ingrédients, faire bouillir le tout pendant encore 10 minutes, répartir dans des assiettes et servir pour le déjeuner.

Nutrition: Calories 315, Lipides 18.1, Fibres 1.1, Glucides 4.9, Protéines 35.1

Salade de pommes de terre

Temps de préparation : 10 minutes
Temps de cuisson : 20 minutes
Portions : 4

Ingrédients:
- 2 tomates hachées
- 2 avocats, dénoyautés et tranchés
- 2 tasses de pousses d'épinards
- 2 ciboulette ciselée
- 1 livre de pommes de terre dorées, bouillies, pelées et tranchées
- 1 cuillère à soupe d'huile d'olive
- 1 cuillère à soupe de jus de citron
- 1 oignon jaune, haché
- 2 gousses d'ail, hachées
- poivre noir au goût
- 1 botte de coriandre, hachée

Instructions:
1. Faites chauffer une poêle avec de l'huile d'olive à feu moyen, ajoutez l'oignon, la ciboulette et l'ail, remuez et faites revenir pendant 5 minutes.
2. Ajouter les pommes de terre, remuer doucement et cuire encore 5 minutes.
3. Ajouter le reste des ingrédients, mélanger, cuire à feu moyen pendant encore 10 minutes, répartir dans des bols et servir pour le déjeuner.

Nutrition: Calories 342, Lipides 23,4, Fibres 11,7, Glucides 33,5, Protéines 5

Casserole de boeuf haché et tomates

Temps de préparation : 10 minutes
Temps de cuisson : 20 minutes
Portions : 4

Ingrédients:
- 1 livre de boeuf haché
- 1 oignon rouge, haché
- 1 cuillère à soupe d'huile d'olive
- 1 tasse de tomates cerises, coupées en deux
- ½ poivron rouge, émincé
- poivre noir au goût
- 1 cuillère à soupe d'ail, haché
- 1 cuillère à soupe de romarin, haché
- 3 cuillères à soupe de bouillon de boeuf à faible teneur en sodium

Instructions:
1. Faire chauffer une poêle avec de l'huile d'olive à feu moyen, ajouter l'oignon et le poivron, remuer et faire sauter pendant 5 minutes.
2. Ajouter la viande, remuer et cuire encore 5 minutes.
3. Ajouter les autres ingrédients, mélanger, cuire 10 minutes, répartir dans des bols et servir pour le déjeuner.

Nutrition: Calories 320, Lipides 11,3, Fibres 4,4, Glucides 18,4, Protéines 9

Salade de crevettes et avocat

Temps de préparation : 5 minutes
Temps de cuisson : 0 minute
Portions : 4

Ingrédients:
- 1 orange, pelée et tranchée
- 1 livre de crevettes, cuites, décortiquées et éviscérées
- 2 tasses de bébé roquette
- 1 avocat, dénoyauté, pelé et haché
- 2 cuillères à soupe d'huile d'olive
- 2 cuillères de vinaigre balsamique
- ½ jus d'orange
- sel et poivre noir

Instructions:
1. Mélangez les crevettes avec les oranges et les autres ingrédients dans un saladier, mélangez et servez pour le déjeuner.

Nutrition: Calories 300, Lipides 5.2, Fibres 2, Glucides 11.4, Protéines 6.7

Crème de brocoli

Temps de préparation : 10 minutes
Temps de cuisson : 40 minutes
Portions : 4

Ingrédients:
- 2 kilos de bouquets de brocoli
- 1 oignon jaune, haché
- 1 cuillère à soupe d'huile d'olive
- poivre noir au goût
- 2 gousses d'ail, hachées
- 3 tasses de bouillon de bœuf à faible teneur en sodium
- 1 tasse de lait de coco
- 2 cuillères à soupe de coriandre, hachée

Instructions:
1. Faites chauffer une poêle avec de l'huile d'olive à feu moyen, ajoutez l'oignon et l'ail, remuez et faites revenir pendant 5 minutes.
2. Ajouter le brocoli et les autres ingrédients, sauf le lait de coco, porter à ébullition et cuire à feu moyen pendant encore 35 minutes.
3. Battre la soupe au mixeur, ajouter le lait de coco, battre à nouveau, répartir dans des bols et servir.

Nutrition: Calories 330, Lipides 11.2, Fibres 9.1, Glucides 16.4, Protéines 9.7

Soupe aux choux

Temps de préparation : 10 minutes
Temps de cuisson : 40 minutes
Portions : 4

Ingrédients:
- 1 grosse tête de chou vert, haché grossièrement
- 1 oignon jaune, haché
- 1 cuillère à soupe d'huile d'olive
- poivre noir au goût
- 1 poireau haché
- 2 tasses de tomates en conserve, faibles en sodium
- 4 tasses de bouillon de poulet, faible en sodium
- 1 cuillère à soupe de coriandre, hachée

Instructions:
1. Faire chauffer une poêle avec de l'huile d'olive à feu moyen, ajouter l'oignon et le poireau, remuer et faire sauter pendant 5 minutes.
2. Ajouter le chou et les autres ingrédients sauf la coriandre, porter à ébullition et cuire à feu moyen pendant 35 minutes.
3. Verser la soupe dans des bols, saupoudrer de coriandre et servir.

Nutrition: Calories 340, Lipides 11,7, Fibres 6, Glucides 25,8, Protéines 11,8

Soupe de céleri et chou-fleur

Temps de préparation : 10 minutes
Temps de cuisson : 40 minutes
Portions : 4

Ingrédients:
- 2 livres de bouquets de chou-fleur
- 1 oignon rouge, haché
- 1 cuillère à soupe d'huile d'olive
- 1 tasse de purée de tomates
- poivre noir au goût
- 1 tasse de céleri, haché
- 6 tasses de bouillon de poulet faible en sodium
- 1 cuillère à soupe d'aneth, haché

Instructions:
4. Faire chauffer une poêle avec de l'huile d'olive à feu moyen, ajouter l'oignon et le céleri, remuer et faire sauter pendant 5 minutes.
5. Ajouter le chou-fleur et les autres ingrédients, porter à ébullition et cuire à feu moyen pendant encore 35 minutes.
6. Répartir la soupe dans des bols et servir.

Nutrition: Calories 135, Lipides 4, Fibres 8, Glucides 21,4, Protéines 7,7

Soupe au porc et poireaux

Temps de préparation : 10 minutes
Temps de cuisson : 40 minutes
Portions : 4

Ingrédients:
- 1 livre de viande de ragoût de porc, coupée en dés
- poivre noir au goût
- 5 poireaux hachés
- 1 oignon jaune, haché
- 2 cuillères à soupe d'huile d'olive
- 1 cuillère à soupe de persil, haché
- 6 tasses de bouillon de bœuf à faible teneur en sodium

Instructions:
4. Faire chauffer une poêle avec de l'huile d'olive à feu moyen, ajouter l'oignon et le poireau, remuer et faire sauter pendant 5 minutes.
5. Ajouter la viande, remuer et cuire encore 5 minutes.
6. Ajouter le reste des ingrédients, porter à ébullition et cuire à feu moyen pendant 30 minutes.
7. Répartir la soupe dans des bols et servir.

Nutrition: Calories 395, Lipides 18,3, Fibres 2,6, Glucides 18,4, Protéines 38,2

Salade de crevettes à la menthe et au brocoli

Temps de préparation : 5 minutes
Temps de cuisson : 20 minutes
Portions : 4

Ingrédients:
- 1/3 tasse de bouillon de légumes à faible teneur en sodium
- 2 cuillères à soupe d'huile d'olive
- 2 tasses de bouquets de brocoli
- 1 livre de crevettes, décortiquées et éviscérées
- poivre noir au goût
- 1 oignon jaune, haché
- 4 tomates cerises coupées en deux
- 2 gousses d'ail, hachées
- Jus de ½ citron
- ½ tasse d'olives kalamata, dénoyautées et coupées en deux
- 1 cuillère à soupe de menthe, hachée

Instructions:
1. Faites chauffer une poêle avec de l'huile d'olive à feu moyen, ajoutez l'oignon et l'ail, remuez et faites revenir pendant 3 minutes.
2. Ajouter les crevettes, remuer et cuire encore 2 minutes.
3. Ajouter le brocoli et les autres ingrédients, mélanger, faire cuire le tout pendant 10 minutes, répartir dans des bols et servir pour le déjeuner.

Nutrition:calories 270, lipides 11,3, fibres 4,1, glucides 14,3, protéines 28,9

Soupe de crevettes et morue

Temps de préparation : 10 minutes
Temps de cuisson : 20 minutes
Portions : 4

Ingrédients:
- 1 litre de bouillon de poulet faible en sodium
- ½ livre de crevettes, décortiquées et éviscérées
- ½ kilo de filets de cabillaud désossés, sans peau et coupés en cubes
- 2 cuillères à soupe d'huile d'olive
- 2 cuillères à café de piment en poudre
- 1 cuillère à café de paprika doux
- 2 échalotes hachées
- Une pincée de poivre noir
- 1 cuillère à soupe d'aneth, haché

Instructions:
1. Faites chauffer une poêle avec de l'huile d'olive à feu moyen, ajoutez les échalotes, remuez et faites revenir 5 minutes.
2. Ajouter les crevettes et le cabillaud et cuire encore 5 minutes.
3. Ajouter le reste des ingrédients, porter à ébullition et cuire à feu moyen pendant 10 minutes.
4. Répartir la soupe dans des bols et servir.

Nutrition: Calories 189, Lipides 8,8, Fibres 0,8, Glucides 3,2, Protéines 24,6

Mélange de crevettes et d'oignons verts

Temps de préparation : 10 minutes
Temps de cuisson : 10 minutes
Portions : 4

Ingrédients:
- 2 livres de crevettes, décortiquées et éviscérées
- 1 tasse de tomates cerises, coupées en deux
- 1 cuillère à soupe d'huile d'olive
- 4 oignons verts, hachés
- 1 cuillère à soupe de vinaigre balsamique
- 1 cuillère à soupe d'ail, haché

Instructions:
1. Faites chauffer une poêle avec de l'huile d'olive à feu moyen, ajoutez l'oignon et les tomates cerises, remuez et faites revenir pendant 4 minutes.
2. Ajouter les crevettes et les autres ingrédients, cuire encore 6 minutes, répartir dans les assiettes et servir.

Nutrition: Calories 313, Lipides 7,5, Fibres 1, Glucides 6,4, Protéines 52,4

ragoût d'épinards

Temps de préparation : 10 minutes
Temps de cuisson : 15 minutes
Portions : 4

Ingrédients:
- 1 cuillère à soupe d'huile d'olive
- 1 cuillère à café de gingembre, râpé
- 2 gousses d'ail, hachées
- 1 oignon jaune, haché
- 2 tomates hachées
- 1 tasse de tomates en conserve, non salées
- 1 cuillère à café de cumin, moulu
- Une pincée de poivre noir
- 1 tasse de bouillon de légumes à faible teneur en sodium
- 2 livres de feuilles d'épinards

Instructions:
1. Faire chauffer une poêle avec de l'huile d'olive à feu moyen, ajouter le gingembre, l'ail et l'oignon, remuer et faire sauter pendant 5 minutes.
2. Ajouter les tomates, les tomates en conserve et les autres ingrédients, remuer doucement, porter à ébullition et cuire encore 10 minutes.
3. Répartir le ragoût dans des bols et servir.

Nutrition: Calories 123, Lipides 4.8, Fibres 7.3, Glucides 17, Protéines 8.2

Mélange de chou-fleur au curry

Temps de préparation : 10 minutes
Temps de cuisson : 25 minutes
Portions : 4

Ingrédients:
- 1 oignon rouge, haché
- 1 cuillère à soupe d'huile d'olive
- 2 gousses d'ail, hachées
- 1 poivron rouge, haché
- 1 poivron vert, haché
- 1 cuillère à soupe de jus de citron
- 1 livre de bouquets de chou-fleur
- 14 onces de tomates en conserve, coupées en dés
- 2 cuillères à café de curry en poudre
- Une pincée de poivre noir
- 2 tasses de crème de noix de coco
- 1 cuillère à soupe de coriandre, hachée

Instructions:
1. Faites chauffer une poêle avec de l'huile d'olive à feu moyen, ajoutez l'oignon et l'ail, remuez et faites revenir pendant 5 minutes.
2. Ajouter les poivrons et les autres ingrédients, porter à ébullition et cuire à feu moyen pendant 20 minutes.
3. Répartir le tout dans des bols et servir.

Nutrition: Calories 270, Lipides 7,7, Fibres 5,4, Glucides 12,9, Protéines 7

Ragoût de carottes et courgettes

Temps de préparation : 10 minutes
Temps de cuisson : 30 minutes
Portions : 4

Ingrédients:
- 1 oignon jaune, haché
- 2 cuillères à soupe d'huile d'olive
- 2 gousses d'ail, hachées
- 4 courgettes tranchées
- 2 carottes, tranchées
- 1 cuillère à café de paprika doux
- ¼ cuillère à café de piment en poudre
- Une pincée de poivre noir
- ½ tasse de tomate, coupée en dés
- 2 tasses de bouillon de légumes à faible teneur en sodium
- 1 cuillère à soupe d'ail, haché
- 1 cuillère à soupe de romarin, haché

Instructions:
1. Faites chauffer une poêle avec de l'huile d'olive à feu moyen, ajoutez l'oignon et l'ail, remuez et faites revenir pendant 5 minutes.
2. Ajouter les courgettes, les carottes et les autres ingrédients, porter à ébullition et cuire encore 25 minutes.
3. Répartir le ragoût dans des bols et servir immédiatement pour le déjeuner.

Nutrition: Calories 272, Lipides 4.6, Fibres 4.7, Glucides 14.9, Protéines 9

Ragoût de chou frisé et de haricots verts

Temps de préparation : 10 minutes
Temps de cuisson : 25 minutes
Portions : 4

Ingrédients:
- 2 cuillères à soupe d'huile d'olive
- 1 tête de chou rouge, haché
- 1 oignon rouge, haché
- 1 livre de haricots verts, parés et coupés en deux
- 2 gousses d'ail, hachées
- 7 onces de tomates en conserve, coupées en dés sans sel
- 2 tasses de bouillon de légumes à faible teneur en sodium
- Une pincée de poivre noir
- 1 cuillère à soupe d'aneth, haché

Instructions:
1. Faites chauffer une poêle avec de l'huile d'olive à feu moyen, ajoutez l'oignon et l'ail, remuez et faites revenir pendant 5 minutes.
2. Ajouter le chou et les autres ingrédients, remuer, couvrir et cuire à feu moyen pendant 20 minutes.
3. Répartir dans des bols et servir pour le déjeuner.

Nutrition: calories 281, lipides 8,5, fibres 7,1, glucides 14,9, protéines 6,7

Soupe aux champignons

Temps de préparation : 5 minutes
Temps de cuisson : 30 minutes
Portions : 4

Ingrédients:
- 1 oignon jaune, haché
- 1 cuillère à soupe d'huile d'olive
- 1 piment rouge, émincé
- 1 cuillère à café de piment en poudre
- ½ cuillère à café de poivre
- 4 gousses d'ail, hachées
- 1 livre de cèpes, tranchés
- 6 tasses de bouillon de légumes à faible teneur en sodium
- 1 tasse de tomate, hachée
- ½ cuillère à soupe de persil, haché

Instructions:
1. Faites chauffer une poêle avec de l'huile d'olive à feu moyen, ajoutez l'oignon, le piment, le piment, le piment et l'ail, remuez et faites revenir pendant 5 minutes.
2. Ajouter les champignons, remuer et cuire encore 5 minutes.
3. Ajouter le reste des ingrédients, porter à ébullition et cuire à feu moyen pendant 20 minutes.
4. Répartir la soupe dans des bols et servir.

Nutrition: Calories 290, Lipides 6,6, Fibres 4,6, Glucides 16,9, Protéines 10

porc chili

Temps de préparation : 10 minutes
Temps de cuisson : 30 minutes
Portions : 4

Ingrédients:
- 2 livres de porc à ragoût, coupé en dés
- 2 cuillères à soupe de pâte de piment
- 1 oignon jaune, haché
- 2 gousses d'ail, hachées
- 1 cuillère à soupe d'huile d'olive
- 2 tasses de bouillon de bœuf à faible teneur en sodium
- 1 cuillère à soupe d'origan, haché

Instructions:
1. Faites chauffer une poêle avec de l'huile d'olive à feu moyen-vif, ajoutez l'oignon et l'ail, remuez et faites revenir pendant 5 minutes.
2. Ajouter la viande et cuire encore 5 minutes.
3. Ajouter le reste des ingrédients, porter à ébullition et cuire à feu moyen encore 20 minutes.
4. Répartir le mélange dans les bols et servir.

Nutrition: Calories 363, Lipides 8,6, Fibres 7, Glucides 17,3, Protéines 18,4

Salade de Champignons au Poivron et Saumon

Temps de préparation : 10 minutes
Temps de cuisson : 20 minutes
Portions : 4

Ingrédients:
- 10 oz de saumon fumé, faible en sodium, désossé, sans peau et en cubes
- 2 oignons verts, hachés
- 2 piments rouges, hachés
- 1 cuillère à soupe d'huile d'olive
- ½ cuillère à café d'origan, séché
- ½ cuillère à café de paprika fumé
- Une pincée de poivre noir
- 8 onces de cèpes, tranchés
- 1 cuillère à soupe de jus de citron
- 1 tasse d'olives noires dénoyautées et coupées en deux
- 1 cuillère à soupe de persil, haché

Instructions:
1. Faire chauffer une poêle avec de l'huile d'olive à feu moyen, ajouter l'oignon et le piment, remuer et faire sauter pendant 4 minutes.
2. Ajouter les champignons, remuer et faire revenir 5 minutes.
3. Ajouter le saumon et les autres ingrédients, mélanger, faire bouillir le tout pendant encore 10 minutes, répartir dans des bols et servir pour le déjeuner.

Nutrition: calories 321, lipides 8,5, fibres 8, glucides 22,2, protéines 13,5

Un mélange de pois chiches et de pommes de terre

Temps de préparation : 10 minutes
Temps de cuisson : 30 minutes
Portions : 4

Ingrédients:
- 2 cuillères à soupe d'huile d'olive
- 1 tasse de pois chiches en conserve non salés, égouttés et rincés
- 1 livre de patate douce, pelée et tranchée
- 4 gousses d'ail, hachées
- 2 échalotes hachées
- 1 tasse de tomates en conserve, non salées et hachées
- 1 cuillère à café de coriandre, moulue
- 2 tomates hachées
- 1 tasse de bouillon de légumes à faible teneur en sodium
- Une pincée de poivre noir
- 1 cuillère à soupe de jus de citron
- 1 cuillère à soupe de coriandre, hachée

Instructions:
1. Faites chauffer une poêle avec de l'huile d'olive à feu moyen, ajoutez les échalotes et l'ail, remuez et faites revenir pendant 5 minutes.
2. Ajouter les pois chiches, les pommes de terre et les autres ingrédients, porter à ébullition et cuire à feu moyen pendant 25 minutes.

3. Répartir le tout dans des bols et servir pour le déjeuner.

Nutrition: Calories 341, Lipides 11,7, Fibres 6, Glucides 14,9, Protéines 18,7

Mélange de poulet à la cardamome

Temps de préparation : 10 minutes
Temps de cuisson : 30 minutes
Portions : 4

Ingrédients:
- 1 cuillère à soupe d'huile d'olive
- 1 livre de poitrine de poulet sans peau, désossée et coupée en cubes
- 1 échalote hachée
- 1 cuillère à soupe de gingembre, râpé
- 2 gousses d'ail, hachées
- 1 cuillère à café de cardamome, moulue
- ½ cuillère à café de poudre de curcuma
- 1 cuillère à café de jus de citron
- 1 tasse de bouillon de poulet faible en sodium
- 1 cuillère à soupe de coriandre, hachée

Instructions:
1. Faites chauffer une poêle avec de l'huile d'olive à feu moyen, ajoutez l'échalote, le gingembre, l'ail, la cardamome et le safran, remuez et faites revenir pendant 5 minutes.
2. Ajouter la viande et cuire 5 minutes.
3. Ajouter le reste des ingrédients, porter le tout à ébullition et cuire 20 minutes.
4. Répartir le mélange dans les bols et servir.

Nutrition: Calories 175, Lipides 6,5, Fibres 0,5, Glucides 3,3, Protéines 24,7

lentilles au piment

Temps de préparation : 10 minutes
Temps de cuisson : 35 mn
Portions : 6

Ingrédients:
- 1 poivron vert, haché
- 1 cuillère à soupe d'huile d'olive
- 2 ciboulette ciselée
- 2 gousses d'ail, hachées
- 24 onces de lentilles en conserve, non salées, égouttées et rincées
- 2 tasses de bouillon de légumes
- 2 cuillères à soupe de piment en poudre, léger
- ½ cuillère à café de poudre de chipotle
- 30 onces de tomates en conserve, non salées, hachées
- Une pincée de poivre noir

Instructions:
1. Faites chauffer une poêle avec de l'huile d'olive à feu moyen, ajoutez l'oignon et l'ail, remuez et faites revenir pendant 5 minutes.
2. Ajouter les poivrons, les lentilles et les autres ingrédients, porter à ébullition et cuire à feu moyen pendant 30 minutes.
3. Répartir le chili dans des bols et servir pour le déjeuner.

Nutrition: Calories 466, Lipides 5, Fibres 37,6, Glucides 77,9, Protéines 31,2

endives au romarin

Temps de préparation : 10 minutes
Temps de cuisson : 20 minutes
Portions : 4

Ingrédients:

- 2 endives coupées dans le sens de la longueur
- 2 cuillères à soupe d'huile d'olive
- 1 cuillère à café de romarin, séché
- ½ cuillère à café de poudre de curcuma
- Une pincée de poivre noir

Instructions:

1. Mélangez les endives avec l'huile et les autres ingrédients dans un plat allant au four, mélangez délicatement, placez au four et faites cuire à 400 degrés F pendant 20 minutes.
2. Répartir dans les assiettes et servir en accompagnement.

Nutrition: Calories 66, Lipides 7.1, Fibres 1, Glucides 1.2, Protéines 0.3

endives au citron

Temps de préparation : 10 minutes
Temps de cuisson : 20 minutes
Portions : 4

Ingrédients:
- 4 endives, coupées en deux dans le sens de la longueur
- 1 cuillère à soupe de jus de citron
- 1 cuillère à soupe de zeste de citron, râpé
- 2 cuillères à soupe de parmesan faible en gras, râpé
- 2 cuillères à soupe d'huile d'olive
- Une pincée de poivre noir

Instructions:
1. Dans un plat allant au four, ajouter les endives avec le jus de citron et les autres ingrédients, sauf le parmesan, et mélanger.
2. Saupoudrer de parmesan sur le dessus, rôtir les endives à 400 degrés F pendant 20 minutes, répartir entre les assiettes et servir en accompagnement.

Nutrition: Calories 71, Lipides 7.1, Fibres 0.9, Glucides 2.3, Protéines 0.9

pesto d'asperges

Temps de préparation : 10 minutes
Temps de cuisson : 20 minutes
Portions : 4

Ingrédients:
- 1 livre d'asperges, parées
- 2 cuillères de pesto au basilic
- 1 cuillère à soupe de jus de citron
- Une pincée de poivre noir
- 3 cuillères à soupe d'huile d'olive
- 2 cuillères à soupe de coriandre, hachée

Instructions:
1. Disposez les asperges sur une plaque à pâtisserie, ajoutez le pesto et les autres ingrédients, mélangez, placez au four et faites cuire à 400 degrés F pendant 20 minutes.
2. Répartir dans les assiettes et servir en accompagnement.

Nutrition: Calories 114, Lipides 10,7, Fibres 2,4, Glucides 4,6, Protéines 2,6

carotte au paprika

Temps de préparation : 10 minutes
Temps de cuisson : 30 minutes
Portions : 4

Ingrédients:
- 1 livre de mini-carottes, parées
- 1 cuillère à soupe de paprika doux
- 1 cuillère à café de jus de citron
- 3 cuillères à soupe d'huile d'olive
- Une pincée de poivre noir
- 1 cuillère à café de graines de sésame

Instructions:
1. Disposer les carottes sur une plaque à pâtisserie tapissée de papier cuisson, ajouter le paprika et les autres ingrédients sauf les graines de sésame, mélanger, mettre au four et cuire à 400 degrés F pendant 30 minutes.
2. Répartir les carottes dans les assiettes, saupoudrer de graines de sésame et servir en accompagnement.

Nutrition: Calories 142, Lipides 11.3, Fibres 4.1, Glucides 11.4, Protéines 1.2

cocotte de pommes de terre crémeuse

Temps de préparation : 10 minutes
Temps de cuisson : 1 heure
Portions : 8

Ingrédients:
- 1 livre de pommes de terre dorées, pelées et coupées en dés
- 2 cuillères à soupe d'huile d'olive
- 1 oignon rouge, haché
- 2 gousses d'ail, hachées
- 2 tasses de crème de noix de coco
- 1 cuillère à soupe de thym, haché
- ¼ cuillère à café de muscade, moulue
- ½ tasse de parmesan faible en gras, râpé

Instructions:
1. Faites chauffer une poêle avec de l'huile d'olive à feu moyen, ajoutez l'oignon et l'ail et faites revenir pendant 5 minutes.
2. Ajouter les pommes de terre et cuire encore 5 minutes.
3. Verser la crème et les autres ingrédients, mélanger délicatement, porter à ébullition et cuire à feu moyen pendant encore 40 minutes.
4. Répartir le mélange dans les assiettes et servir en accompagnement.

Nutrition: calories 230, lipides 19,1, fibres 3,3, glucides 14,3, protéines 3,6

chou sésame

Temps de préparation : 10 minutes
Temps de cuisson : 20 minutes
Portions : 4

Ingrédients:
- 1 livre de chou vert, haché grossièrement
- 2 cuillères à soupe d'huile d'olive
- Une pincée de poivre noir
- 1 échalote hachée
- 2 gousses d'ail, hachées
- 2 cuillères de vinaigre balsamique
- 2 cuillères à café de poivre
- 1 cuillère à café de graines de sésame

Instructions:
1. Faites chauffer une poêle avec de l'huile d'olive à feu moyen, ajoutez les échalotes et l'ail et faites revenir 5 minutes.
2. Ajouter le chou et les autres ingrédients, mélanger, cuire à feu moyen pendant 15 minutes, répartir dans des assiettes et servir.

Nutrition: Calories 101, Lipides 7,6, Fibres 3,4, Glucides 84, Protéines 1,9

brocoli coriandre

Temps de préparation : 10 minutes
Temps de cuisson : 30 minutes
Portions : 4

Ingrédients:
- 2 cuillères à soupe d'huile d'olive
- 1 livre de bouquets de brocoli
- 2 gousses d'ail, hachées
- 2 cuillères à soupe de sauce au poivre
- 1 cuillère à soupe de jus de citron
- Une pincée de poivre noir
- 2 cuillères à soupe de coriandre, hachée

Instructions:
1. Mélanger le brocoli avec l'huile, l'ail et d'autres ingrédients dans un plat allant au four, faire légèrement dorer, mettre au four et cuire à 400 degrés F pendant 30 minutes.
2. Répartir le mélange dans les assiettes et servir en accompagnement.

Nutrition: Calories 103, Lipides 7,4, Fibres 3, Glucides 8,3, Protéines 3,4

Chili aux choux de Bruxelles

Temps de préparation : 10 minutes
Temps de cuisson : 25 minutes
Portions : 4

Ingrédients:
- 1 cuillère à soupe d'huile d'olive
- 1 livre de choux de Bruxelles, parés et coupés en deux
- 2 gousses d'ail, hachées
- ½ tasse de mozzarella faible en gras, râpée
- Une pincée de flocons de piment broyés

Instructions:
1. Dans un plat allant au four, ajouter le chou avec l'huile et les autres ingrédients, sauf le fromage, et mélanger.
2. Saupoudrer le fromage sur le dessus, mettre au four et cuire à 400 degrés F pendant 25 minutes.
3. Répartir dans les assiettes et servir en accompagnement.

Nutrition: Calories 91, Lipides 4,5, Fibres 4,3, Glucides 10,9, Protéines 5

Choux de Bruxelles et mélange d'oignons verts

Temps de préparation : 10 minutes
Temps de cuisson : 25 minutes
Portions : 4

Ingrédients:
- 2 cuillères à soupe d'huile d'olive
- 1 livre de choux de Bruxelles, parés et coupés en deux
- 3 oignons verts, hachés
- 2 gousses d'ail, hachées
- 1 cuillère à soupe de vinaigre balsamique
- 1 cuillère à soupe de paprika doux
- Une pincée de poivre noir

Instructions:
1. Mélanger les choux de Bruxelles avec de l'huile et d'autres ingrédients dans un plat allant au four, mélanger et cuire à 400 degrés F pendant 25 minutes.
2. Répartir le mélange dans les assiettes et servir.

Nutrition: Calories 121, Lipides 7,6, Fibres 5,2, Glucides 12,7, Protéines 4,4

purée de chou-fleur

Temps de préparation : 10 minutes
Temps de cuisson : 25 minutes
Portions : 4

Ingrédients:
- 2 livres de bouquets de chou-fleur
- ½ tasse de lait de coco
- Une pincée de poivre noir
- ½ tasse de crème sure faible en gras
- 1 cuillère à soupe de coriandre, hachée
- 1 cuillère à soupe d'ail, haché

Instructions:
1. Placer le chou-fleur dans une casserole, couvrir d'eau, porter à ébullition à feu moyen, cuire 25 minutes et égoutter.
2. Écraser le chou-fleur, ajouter le lait, le poivre noir et la crème, bien battre, répartir dans des assiettes, saupoudrer du reste des ingrédients et servir.

Nutrition: Calories 188, Lipides 13,4, Fibres 6,4, Glucides 15, Protéines 6,1

salade d'avocats

Temps de préparation : 5 minutes
Temps de cuisson : 0 minute
Portions : 4

Ingrédients:
- 2 cuillères à soupe d'huile d'olive
- 2 avocats, pelés, dénoyautés et tranchés
- 1 tasse d'olives kalamata, dénoyautées et coupées en deux
- 1 tasse de tomates, coupées en dés
- 1 cuillère à soupe de gingembre, râpé
- Une pincée de poivre noir
- 2 tasses de bébé roquette
- 1 cuillère à soupe de vinaigre balsamique

Instructions:
1. Dans un bol, mélanger les avocats avec le kalamata et les autres ingrédients, mélanger et servir en accompagnement.

Nutrition: Calories 320, Lipides 30,4, Fibres 8,7, Glucides 13,9, Protéines 3

Salade de radis

Temps de préparation : 5 minutes
Temps de cuisson : 0 minute
Portions : 4

Ingrédients:
- 2 oignons verts, hachés
- 1 livre de radis, coupés en dés
- 2 cuillères de vinaigre balsamique
- 2 cuillères à soupe d'huile d'olive
- 1 cuillère à café de piment en poudre
- 1 tasse d'olives noires dénoyautées et coupées en deux
- Une pincée de poivre noir

Instructions:
1. Dans un grand saladier, mélanger les radis avec les oignons et les autres ingrédients, mélanger et servir en accompagnement.

Nutrition: Calories 123, Lipides 10,8, Fibres 3,3, Glucides 7, Protéines 1,3

salade d'endives

Temps de préparation : 5 minutes
Temps de cuisson : 0 minute
Portions : 4

Ingrédients:
- 2 endives hachées grossièrement
- 1 cuillère à soupe d'aneth, haché
- ¼ tasse de jus de citron
- ¼ tasse d'huile d'olive
- 2 tasses de pousses d'épinards
- 2 tomates, coupées en dés
- 1 concombre, tranché
- ½ tasse de noix, hachées

Instructions:
1. Dans un grand bol, mélanger les endives avec les épinards et les autres ingrédients, mélanger et servir en accompagnement.

Nutrition: Calories 238, Lipides 22,3, Fibres 3,1, Glucides 8,4, Protéines 5,7

Un mélange d'olives et de maïs

Temps de préparation : 5 minutes
Temps de cuisson : 0 minute
Portions : 4

Ingrédients:
- 2 cuillères à soupe d'huile d'olive
- 1 cuillère à soupe de vinaigre balsamique
- Une pincée de poivre noir
- 4 tasses de maïs
- 2 tasses d'olives noires dénoyautées et coupées en deux
- 1 oignon rouge, haché
- ½ tasse de tomates cerises, coupées en deux
- 1 cuillère à soupe de basilic, haché
- 1 cuillère à soupe de jalapeno, haché
- 2 tasses de laitue romaine, hachée

Instructions:
1. Dans un grand bol, mélanger le maïs avec les olives, la salade et les autres ingrédients, bien mélanger, répartir entre les plats et servir en accompagnement.

Nutrition: Calories 290, Lipides 16,1, Fibres 7,4, Glucides 37,6, Protéines 6,2

Salade de roquette et pignons de pin

Temps de préparation : 5 minutes
Temps de cuisson : 0 minute
Portions : 4

Ingrédients:
- ¼ tasse de graines de grenade
- 5 tasses de bébé roquette
- 6 cuillères à soupe d'oignon vert haché
- 1 cuillère à soupe de vinaigre balsamique
- 2 cuillères à soupe d'huile d'olive
- 3 cuillères de pignons de pin
- ½ échalote hachée

Instructions:
1. Dans un saladier, mélanger la roquette avec la grenade et les autres ingrédients, mélanger et servir.

Nutrition: Calories 120, Lipides 11,6, Fibres 0,9, Glucides 4,2, Protéines 1,8

amandes et épinards

Temps de préparation : 10 minutes
Temps de cuisson : 0 minute
Portions : 4

Ingrédients:
- 2 cuillères à soupe d'huile d'olive
- 2 avocats, pelés, dénoyautés et tranchés
- 3 tasses de pousses d'épinards
- ¼ tasse d'amandes, grillées et hachées
- 1 cuillère à soupe de jus de citron
- 1 cuillère à soupe de coriandre, hachée

Instructions:
1. Dans un bol, mélanger les avocats avec les amandes, les épinards et les autres ingrédients, mélanger et servir en accompagnement.

Nutrition: Calories 181, Lipides 4, Fibres 4.8, Glucides 11.4, Protéines 6

Salade de haricots verts et maïs

Temps de préparation : 4 minutes
Temps de cuisson : 0 minute
Portions : 4

Ingrédients:
- jus de 1 citron vert
- 2 tasses de laitue romaine, hachée
- 1 tasse de maïs
- ½ livre de haricots verts, blanchis et coupés en deux
- 1 concombre, haché
- 1/3 tasse d'ail, haché

Instructions:
1. Dans un bol, mélanger les haricots verts avec le maïs et les autres ingrédients, mélanger et servir.

Nutrition: Calories 225, Lipides 12, Fibres 2.4, Glucides 11.2, Protéines 3.5

Salade d'endives et choux

Temps de préparation : 4 minutes
Temps de cuisson : 0 minute
Portions : 4

Ingrédients:
- 3 cuillères à soupe d'huile d'olive
- 2 endives, parées et hachées
- 2 cuillères à soupe de jus de citron
- 1 cuillère à soupe de zeste de citron, râpé
- 1 oignon rouge, tranché
- 1 cuillère à soupe de vinaigre balsamique
- 1 livre de chou frisé, râpé
- Une pincée de poivre noir

Instructions:
1. Dans un bol, combiner les endives avec le kale et les autres ingrédients, bien mélanger et servir froid en accompagnement.

Nutrition: Calories 270, Lipides 11,4, Fibres 5, Glucides 14,3, Protéines 5,7

nous mangeons de la salade

Temps de préparation : 5 minutes
Temps de cuisson : 6 minutes
Portions : 4

Ingrédients:
- 2 cuillères à soupe d'huile d'olive
- 2 cuillères de vinaigre balsamique
- 2 gousses d'ail, hachées
- 3 tasses d'edamame, décortiquées
- 1 cuillère à soupe d'ail, haché
- 2 échalotes hachées

Instructions:
1. Faire chauffer une poêle avec de l'huile à feu moyen, ajouter les edamame, l'ail et les autres ingrédients, remuer, cuire 6 minutes, répartir dans les assiettes et servir.

Nutrition: Calories 270, Lipides 8,4, Fibres 5,3, Glucides 11,4, Protéines 6

Salade de raisin et d'avocat

Temps de préparation : 5 minutes
Temps de cuisson : 0 minute
Portions : 4

Ingrédients:
- 2 tasses de pousses d'épinards
- 2 avocats, pelés, dénoyautés et hachés grossièrement
- 1 concombre, tranché
- 1 et ½ tasse de raisins crus, coupés en deux
- 2 cuillères d'huile d'avocat
- 1 cuillère à soupe de vinaigre de cidre
- 2 cuillères à soupe de persil, haché
- Une pincée de poivre noir

Instructions:
1. Dans un saladier, mélanger les épinards avec l'avocat et les autres ingrédients, mélanger et servir.

Nutrition: Calories 277, Lipides 11,4, Fibres 5, Glucides 14,6, Protéines 4

Mélange d'aubergines à l'origan

Temps de préparation : 10 minutes
Temps de cuisson : 20 minutes
Portions : 4

Ingrédients:
- 2 grosses aubergines, tranchées grossièrement
- 1 cuillère à soupe d'origan, haché
- ½ tasse de parmesan faible en gras, râpé
- ¼ cuillère à café d'ail en poudre
- 2 cuillères à soupe d'huile d'olive
- Une pincée de poivre noir

Instructions:
1. Mélanger l'aubergine avec l'origan et les autres ingrédients sauf le fromage dans un plat allant au four et mélanger.
2. Saupoudrer le parmesan sur le dessus, mettre au four et cuire à 370 degrés F pendant 20 minutes.
3. Répartir dans les assiettes et servir en accompagnement.

Nutrition: Calories 248, Lipides 8,4, Fibres 4, Glucides 14,3, Protéines 5,4

mélange de tomates rôties

Temps de préparation : 10 minutes
Temps de cuisson : 20 minutes
Portions : 4

Ingrédients:
- 2 livres de tomates, coupées en deux
- 1 cuillère à soupe de basilic, haché
- 3 cuillères à soupe d'huile d'olive
- 1 zeste de citron, râpé
- 3 gousses d'ail, hachées
- ¼ tasse de parmesan faible en gras, râpé
- Une pincée de poivre noir

Instructions:
1. Mélanger les tomates avec le basilic et tous les autres ingrédients sauf le fromage dans un plat allant au four et mélanger.
2. Saupoudrer le parmesan sur le dessus, cuire au four à 375 degrés F pendant 20 minutes, répartir entre les assiettes et servir comme plat d'accompagnement.

Nutrition: Calories 224, Lipides 12, Fibres 4.3, Glucides 10.8, Protéines 5.1

champignons au thym

Temps de préparation : 10 minutes
Temps de cuisson : 30 minutes
Portions : 4

Ingrédients:
- 2 livres de cèpes, coupés en deux
- 4 gousses d'ail, hachées
- 2 cuillères à soupe d'huile d'olive
- 1 cuillère à soupe de thym, haché
- 2 cuillères à soupe de persil, haché
- poivre noir au goût

Instructions:
1. Combiner les champignons avec l'ail et d'autres ingrédients dans un plat allant au four, mélanger, mettre au four et cuire à 400 degrés F pendant 30 minutes.
2. Répartir dans les assiettes et servir en accompagnement.

Nutrition: Calories 251, Lipides 9,3, Fibres 4, Glucides 13,2, Protéines 6

Ragoût d'épinards et de maïs

Temps de préparation : 10 minutes
Temps de cuisson : 15 minutes
Portions : 4

Ingrédients:
- 1 tasse de maïs
- 1 livre de feuilles d'épinards
- 1 cuillère à café de paprika doux
- 1 cuillère à soupe d'huile d'olive
- 1 oignon jaune, haché
- ½ tasse de basilic, déchiré
- Une pincée de poivre noir
- ½ cuillère à café de flocons de piment rouge

Instructions:
1. Faire chauffer une poêle avec de l'huile à feu moyen, ajouter l'oignon, remuer et faire revenir pendant 5 minutes.
2. Ajouter le maïs, les épinards et les autres ingrédients, mélanger, cuire à feu moyen encore 10 minutes, répartir dans des assiettes et servir.

Nutrition: calories 201, lipides 13,1, fibres 2,5, glucides 14,4, protéines 3,7

Faire revenir le maïs et la ciboulette

Temps de préparation : 10 minutes
Temps de cuisson : 15 minutes
Portions : 4

Ingrédients:
- 4 tasses de maïs
- 1 cuillère à soupe d'huile d'avocat
- 2 échalotes hachées
- 1 cuillère à café de piment en poudre
- 2 cuillères à soupe de pâte de tomate, non salée
- 3 ciboulette ciselée
- Une pincée de poivre noir

Instructions:
1. Faire chauffer une poêle avec de l'huile d'olive à feu moyen, ajouter l'oignon et le piment, remuer et faire sauter pendant 5 minutes.
2. Ajouter le maïs et les autres ingrédients, remuer, cuire encore 10 minutes, répartir dans des assiettes et servir en accompagnement.

Nutrition: Calories 259, Lipides 11.1, Fibres 2.6, Glucides 13.2, Protéines 3.5

Salade d'épinards et de mangue

Temps de préparation : 10 minutes
Temps de cuisson : 0 minute
Portions : 4

Ingrédients:
- 1 tasse de mangue, pelée et coupée en dés
- 4 tasses de pousses d'épinards
- 1 cuillère à soupe d'huile d'olive
- 2 ciboulette ciselée
- 1 cuillère à soupe de jus de citron
- 1 cuillère à soupe de câpres, égouttées, sans sel
- 1/3 tasse d'amandes, hachées

Instructions:
1. Dans un bol, mélanger les épinards avec la mangue et les autres ingrédients, remuer et servir.

Nutrition: Calories 200, Lipides 7,4, Fibres 3, Glucides 4,7, Protéines 4,4

pomme de terre à la moutarde

Temps de préparation : 5 minutes
Temps de cuisson : 1 heure
Portions : 4

Ingrédients:

- 1 livre de pommes de terre dorées, pelées et coupées en dés
- 2 cuillères à soupe d'huile d'olive
- Une pincée de poivre noir
- 2 cuillères à soupe de romarin, haché
- 1 cuillère à soupe de moutarde de Dijon
- 2 gousses d'ail, hachées

Instructions:

1. Mélanger les pommes de terre avec l'huile et les autres ingrédients dans un plat allant au four, mélanger, mettre au four à 400 degrés F et cuire environ 1 heure.
2. Répartir dans les assiettes et servir aussitôt en accompagnement.

Nutrition: Calories 237, Lipides 11,5, Fibres 6,4, Glucides 14,2, Protéines 9

Choux de Bruxelles à la noix de coco

Temps de préparation : 5 minutes
Temps de cuisson : 30 minutes
Portions : 4

Ingrédients:
- 1 livre de choux de Bruxelles, parés et coupés en deux
- 1 tasse de crème de noix de coco
- 1 cuillère à soupe d'huile d'olive
- 2 échalotes hachées
- Une pincée de poivre noir
- ½ tasse de noix de cajou hachées

Instructions:
1. Dans une casserole, combiner les germes avec la crème et les ingrédients restants, mélanger et cuire au four pendant 30 minutes à 350 degrés F.
2. Répartir dans les assiettes et servir en accompagnement.

Nutrition: Calories 270, Lipides 6,5, Fibres 5,3, Glucides 15,9, Protéines 3,4

carotte sauge

Temps de préparation : 10 minutes
Temps de cuisson : 30 minutes
Portions : 4

Ingrédients:
- 2 cuillères à soupe d'huile d'olive
- 2 cuillères à café de paprika
- 1 livre de carottes, pelées et hachées grossièrement
- 1 oignon rouge, haché
- 1 cuillère à soupe de sauge, hachée
- Une pincée de poivre noir

Instructions:
1. Mélanger les carottes avec l'huile et d'autres ingrédients dans un plat allant au four, mélanger et cuire au four à 380 degrés F pendant 30 minutes.
2. Répartir dans les assiettes et servir.

Nutrition: Calories 200, Lipides 8,7, Fibres 2,5, Glucides 7,9, Protéines 4

Champignons à l'ail et au maïs

Temps de préparation : 10 minutes
Temps de cuisson : 20 minutes
Portions : 4

Ingrédients:

- 1 livre de cèpes, coupés en deux
- 2 tasses de maïs
- 2 cuillères à soupe d'huile d'olive
- 4 gousses d'ail, hachées
- 1 tasse de tomates en conserve non salées, hachées
- Une pincée de poivre noir
- ½ cuillère à café de piment en poudre

Instructions:

1. Faire chauffer une poêle avec de l'huile d'olive à feu moyen, ajouter les champignons, l'ail et le maïs, remuer et faire sauter pendant 10 minutes.
2. Ajouter le reste des ingrédients, mélanger, cuire à feu moyen encore 10 minutes, répartir dans des assiettes et servir.

Nutrition: Calories 285, Lipides 13, Fibres 2.2, Glucides 14.6, Protéines 6.7.

pesto de haricots verts

Temps de préparation : 10 minutes
Temps de cuisson : 15 minutes
Portions : 4

Ingrédients:
- 2 cuillères de pesto au basilic
- 2 cuillères à café de paprika
- 1 livre de haricots verts, parés et coupés en deux
- 1 jus de citron
- 2 cuillères à soupe d'huile d'olive
- 1 oignon rouge, tranché
- Une pincée de poivre noir

Instructions:
1. Faire chauffer une poêle avec de l'huile à feu moyen, ajouter l'oignon, remuer et faire revenir pendant 5 minutes.
2. Ajouter les haricots et les autres ingrédients, remuer, cuire à feu moyen pendant 10 minutes, répartir dans des assiettes et servir.

Nutrition: Calories 280, Lipides 10, Fibres 7,6, Glucides 13,9, Protéines 4,7

tomate à l'estragon

Temps de préparation : 5 minutes
Temps de cuisson : 0 minute
Portions : 4

Ingrédients:
- 1 et ½ cuillères à soupe d'huile d'olive
- 1 livre de tomates, tranchées
- 1 cuillère à soupe de jus de citron
- 1 cuillère à soupe de zeste de citron, râpé
- 2 cuillères à soupe d'estragon, haché
- Une pincée de poivre noir

Instructions:
1. Dans un bol, mélanger les tomates avec les autres ingrédients, mélanger et servir en salade.

Nutrition: Calories 170, Lipides 4, Fibres 2.1, Glucides 11.8, Protéines 6

Betterave Amande

Temps de préparation : 10 minutes
Temps de cuisson : 30 minutes
Portions : 4

Ingrédients:
- 4 betteraves, pelées et tranchées
- 3 cuillères à soupe d'huile d'olive
- 2 cuillères à soupe d'amandes, hachées
- 2 cuillères de vinaigre balsamique
- Une pincée de poivre noir
- 2 cuillères à soupe de persil, haché

Instructions:
1. Mélangez les betteraves avec l'huile et les autres ingrédients dans un plat allant au four, mélangez, mettez au four et faites cuire à 400 degrés pendant 30 minutes.
2. Répartir le mélange dans les assiettes et servir.

Nutrition: Calories 230, Lipides 11, Fibres 4.2, Glucides 7.3, Protéines 3.6

Tomate menthe et maïs

Temps de préparation : 5 minutes
Temps de cuisson : 0 minute
Portions : 4

Ingrédients:
- 2 cuillères à soupe de menthe, hachée
- 1 livre de tomates, tranchées
- 2 tasses de maïs
- 2 cuillères à soupe d'huile d'olive
- 1 cuillère à soupe de vinaigre de romarin
- Une pincée de poivre noir

Instructions:
1. Dans un saladier, mélanger la tomate avec le maïs et les autres ingrédients, mélanger et servir.

Apprécier!

Nutrition: Calories 230, Lipides 7,2, Fibres 2, Glucides 11,6, Protéines 4

Sauce courgette et avocat

Temps de préparation : 5 minutes
Temps de cuisson : 10 minutes
Portions : 4

Ingrédients:
- 2 cuillères à soupe d'huile d'olive
- 2 courgettes, coupées en cubes
- 1 avocat, pelé, dénoyauté et haché
- 2 tomates, coupées en dés
- 1 concombre, coupé en dés
- 1 oignon jaune, haché
- 2 cuillères à soupe de jus de citron frais
- 2 cuillères à soupe de coriandre, hachée

Instructions:
1. Faire chauffer une poêle avec de l'huile à feu moyen, ajouter l'oignon et les courgettes, remuer et cuire 5 minutes.
2. Ajouter le reste des ingrédients, mélanger, cuire encore 5 minutes, répartir dans des assiettes et servir.

Nutrition: calories 290, lipides 11,2, fibres 6,1, glucides 14,7, protéines 5,6

Mélange pomme et chou

Temps de préparation : 5 minutes
Temps de cuisson : 0 minute
Portions : 4

Ingrédients:
- 2 pommes vertes, évidées et coupées en dés
- 1 tête de chou rouge, haché
- 2 cuillères de vinaigre balsamique
- ½ cuillère à café de cumin
- 2 cuillères à soupe d'huile d'olive
- poivre noir au goût

Instructions:
1. Dans un bol, mélanger le chou avec les pommes et les autres ingrédients, mélanger et servir en salade.

Nutrition: Calories 165, Lipides 7.4, Fibres 7.3, Glucides 26, Protéines 2.6

betterave rôtie

Temps de préparation : 10 minutes
Temps de cuisson : 30 minutes
Portions : 4

Ingrédients:

- 4 betteraves, pelées et tranchées
- 2 cuillères à soupe d'huile d'olive
- 2 gousses d'ail, hachées
- Une pincée de poivre noir
- ¼ tasse de persil, haché
- ¼ tasse de noix, hachées

Instructions:

1. Mélanger les betteraves avec l'huile et les ingrédients restants dans un plat allant au four, bien mélanger, cuire au four à 420 degrés F, cuire au four pendant 30 minutes, répartir entre les assiettes et servir comme plat d'accompagnement.

Nutrition: Calories 156, Lipides 11,8, Fibres 2,7, Glucides 11,5, Protéines 3,8

chou à l'aneth

Temps de préparation : 10 minutes
Temps de cuisson : 15 minutes
Portions : 4

Ingrédients:
- 1 livre de chou vert, haché
- 1 oignon jaune, haché
- 1 tomate, coupée en dés
- 1 cuillère à soupe d'aneth, haché
- Une pincée de poivre noir
- 1 cuillère à soupe d'huile d'olive

Instructions:
1. Faire chauffer une poêle avec de l'huile à feu moyen, ajouter l'oignon et faire revenir pendant 5 minutes.
2. Ajouter le chou et les autres ingrédients, mélanger, cuire à feu moyen pendant 10 minutes, répartir dans des assiettes et servir.

Nutrition: Calories 74, Lipides 3,7, Fibres 3,7, Glucides 10,2, Protéines 2,1

Salade de choux et carottes

Temps de préparation : 5 minutes
Temps de cuisson : 0 minute
Portions : 4

Ingrédients:
- 2 échalotes hachées
- 2 carottes, râpées
- 1 grosse tête de chou rouge, râpé
- 1 cuillère à soupe d'huile d'olive
- 1 cuillère à soupe de vinaigre rouge
- Une pincée de poivre noir
- 1 cuillère à soupe de jus de citron

Instructions:
1. Mélangez le kale avec les échalotes et les autres ingrédients dans un bol, mélangez et servez en salade.

Nutrition: Calories 106, Lipides 3,8, Fibres 6,5, Glucides 18, Protéines 3,3

Sauce tomate et olives

Temps de préparation : 10 minutes
Temps de cuisson : 0 minute
Portions : 6

Ingrédients:
- 1 livre de tomates cerises, coupées en deux
- 2 cuillères à soupe d'huile d'olive
- 1 tasse d'olives kalamata, dénoyautées et coupées en deux
- Une pincée de poivre noir
- 1 oignon rouge, haché
- 1 cuillère à soupe de vinaigre balsamique
- ¼ tasse de coriandre, hachée

Instructions:
1. Mélanger les tomates avec les olives et les autres ingrédients dans un bol, mélanger et servir en salade.

Nutrition: Calories 131, Lipides 10,9, Fibres 3,1, Glucides 9,2, Protéines 1,6

Salade de courgettes

Temps de préparation : 4 minutes
Temps de cuisson : 0 minute
Portions : 4

Ingrédients:
- 2 courgettes, tranchées avec un spiralizer
- 1 oignon rouge, tranché
- 1 cuillère de pesto de basilic
- 1 cuillère à soupe de jus de citron
- 1 cuillère à soupe d'huile d'olive
- ½ tasse de coriandre, hachée
- poivre noir au goût

Instructions:
1. Dans un saladier, mélanger les courgettes avec l'oignon et les autres ingrédients, mélanger et servir.

Nutrition: Calories 58, Lipides 3,8, Fibres 1,8, Glucides 6, Protéines 1,6

Salade de carottes au curry

Temps de préparation : 4 minutes
Temps de cuisson : 0 minute
Portions : 4

Ingrédients:
- 1 livre de carottes, pelées et râpées grossièrement
- 2 cuillères d'huile d'avocat
- 2 cuillères à soupe de jus de citron
- 3 cuillères à soupe de graines de sésame
- ½ cuillère à café de poudre de curry
- 1 cuillère à café de romarin, séché
- ½ cuillère à café de cumin, moulu

Instructions:
1. Mélanger les carottes avec l'huile, le jus de citron et d'autres ingrédients dans un bol, mélanger et servir froid en accompagnement.

Nutrition: Calories 99, Lipides 4.4, Fibres 4.2, Glucides 13.7, Protéines 2.4

Salade de laitue et de betterave

Temps de préparation : 5 minutes
Temps de cuisson : 0 minute
Portions : 4

Ingrédients:
- 1 cuillère à soupe de gingembre, râpé
- 2 gousses d'ail, hachées
- 4 tasses de laitue romaine, déchirée
- 1 betterave, pelée et râpée
- 2 oignons verts, hachés
- 1 cuillère à soupe de vinaigre balsamique
- 1 cuillère à soupe de graines de sésame

Instructions:
1. Dans un bol, mélanger la salade avec le gingembre, l'ail et les autres ingrédients, mélanger et servir en accompagnement.

Nutrition: Calories 42, Lipides 1,4, Fibres 1,5, Glucides 6,7, Protéines 1,4

radis aux herbes

Temps de préparation : 5 minutes
Temps de cuisson : 0 minute
Portions : 4

Ingrédients:
- 1 livre de radis rouges, hachés grossièrement
- 1 cuillère à soupe d'ail, haché
- 1 cuillère à soupe de persil, haché
- 1 cuillère à soupe d'origan, haché
- 2 cuillères à soupe d'huile d'olive
- 1 cuillère à soupe de jus de citron
- poivre noir au goût

Instructions:
1. Dans un saladier, mélanger les radis avec la ciboulette et les autres ingrédients, mélanger et servir.

Nutrition: Calories 85, Lipides 7,3, Fibres 2,4, Glucides 5,6, Protéines 1

Mélange de fenouil rôti

Temps de préparation : 5 minutes
Temps de cuisson : 20 minutes
Portions : 4

Ingrédients:
- 2 bulbes de fenouil hachés
- 1 cuillère à café de paprika doux
- 1 petit oignon rouge, haché
- 2 cuillères à soupe d'huile d'olive
- 2 cuillères à soupe de jus de citron
- 2 cuillères à soupe d'aneth, haché
- poivre noir au goût

Instructions:
1. Dans une casserole, combiner le fenouil avec le paprika et d'autres ingrédients, mélanger et cuire au four à 380 degrés F pendant 20 minutes.
2. Répartir le mélange dans les assiettes et servir.

Nutrition: Calories 114, Lipides 7,4, Fibres 4,5, Glucides 13,2, Protéines 2,1

poivrons grillés

Temps de préparation : 10 minutes
Temps de cuisson : 30 minutes
Portions : 4

Ingrédients:
- 1 livre de poivrons mélangés, tranchés
- 1 oignon rouge, tranché finement
- 2 cuillères à soupe d'huile d'olive
- poivre noir au goût
- 1 cuillère à soupe d'origan, haché
- 2 cuillères à soupe de feuilles de menthe, hachées

Instructions:
1. Combinez les poivrons avec les oignons et les autres ingrédients dans une poêle, mélangez et faites cuire à 380 degrés F pendant 30 minutes.
2. Répartir le mélange dans les assiettes et servir.

Nutrition: Calories 240, Lipides 8.2, Fibres 4.2, Glucides 11.3, Protéines 5.6

Ragoût de dattes et de chou frisé

Temps de préparation : 5 minutes
Temps de cuisson : 15 minutes
Portions : 4

Ingrédients:
- 1 livre de chou rouge, haché
- 8 dattes dénoyautées et tranchées
- 2 cuillères à soupe d'huile d'olive
- ¼ tasse de bouillon de légumes à faible teneur en sodium
- 2 cuillères à soupe d'ail, haché
- 2 cuillères à soupe de jus de citron
- poivre noir au goût

Instructions:
1. Faire chauffer une poêle avec de l'huile à feu moyen, ajouter le chou et les dattes, remuer et cuire 4 minutes.
2. Versez le bouillon et les autres ingrédients, mélangez, laissez cuire à feu moyen encore 11 minutes, répartissez dans des assiettes et servez.

Nutrition: Calories 280, Lipides 8.1, Fibres 4.1, Glucides 8.7, Protéines 6.3

mélange de haricots noirs

Temps de préparation : 4 minutes
Temps de cuisson : 0 minute
Portions : 4

Ingrédients:
- 3 tasses de haricots noirs en conserve, non salés, égouttés et rincés
- 1 tasse de tomates cerises, coupées en deux
- 2 échalotes hachées
- 3 cuillères à soupe d'huile d'olive
- 1 cuillère à soupe de vinaigre balsamique
- poivre noir au goût
- 1 cuillère à soupe d'ail, haché

Instructions:
1. Mélangez les haricots avec la tomate et les autres ingrédients dans un bol, mélangez et servez froid en accompagnement.

Nutrition: Calories 310, Lipides 11.0, Fibres 5.3, Glucides 19.6, Protéines 6.8

Un mélange d'olives et d'endives

Temps de préparation : 4 minutes
Temps de cuisson : 0 minute
Portions : 4

Ingrédients:
- 2 ciboulette ciselée
- 2 endives hachées
- 1 tasse d'olives noires dénoyautées et tranchées
- ½ tasse d'olives kalamata, dénoyautées et tranchées
- ¼ tasse de vinaigre de cidre de pomme
- 2 cuillères à soupe d'huile d'olive
- 1 cuillère à soupe de coriandre, hachée

Instructions:
1. Mélangez les endives avec les olives et les autres ingrédients dans un bol, mélangez et servez.

Nutrition: calories 230, lipides 9,1, fibres 6,3, glucides 14,6, protéines 7,2

Salade de tomate et de cocombre

Temps de préparation : 5 minutes
Temps de cuisson : 0 minute
Portions : 4

Ingrédients:
- ½ kilo de tomates coupées en dés
- 2 concombres, tranchés
- 1 cuillère à soupe d'huile d'olive
- 2 ciboulette ciselée
- poivre noir au goût
- jus de 1 citron vert
- ½ tasse de basilic, haché

Instructions:
1. Dans un saladier, combiner les tomates avec les concombres et les autres ingrédients, mélanger et servir froid.

Nutrition: Calories 224, Lipides 11.2, Fibres 5.1, Glucides 8.9, Protéines 6.2

Salade de poivrons et carottes

Temps de préparation : 5 minutes
Temps de cuisson : 0 minute
Portions : 4

Ingrédients:
- 1 tasse de tomates cerises, coupées en deux
- 1 poivron jaune, haché
- 1 poivron rouge, haché
- 1 poivron vert, haché
- ½ livre de carottes, râpées
- 3 cuillères à soupe de vinaigre de vin rouge
- 2 cuillères à soupe d'huile d'olive
- 1 cuillère à soupe de coriandre, hachée
- poivre noir au goût

Instructions:
1. Dans un saladier, combiner les tomates avec le poivron, les carottes et les autres ingrédients, mélanger et servir en salade.

Nutrition: Calories 123, Lipides 4, Fibres 8.4, Glucides 14.4, Protéines 1.1

Un mélange de haricots noirs et de riz

Temps de préparation : 10 minutes
Temps de cuisson : 30 minutes
Portions : 4

Ingrédients:
- 2 cuillères à soupe d'huile d'olive
- 1 oignon jaune, haché
- 1 tasse de haricots noirs en conserve non salés, égouttés et rincés
- 2 tasses de riz noir
- 4 tasses de bouillon de poulet faible en sodium
- 2 cuillères à soupe de thym, haché
- ½ zeste de citron, râpé
- Une pincée de poivre noir

Instructions:
1. Faites chauffer une poêle avec de l'huile d'olive à feu moyen, ajoutez l'oignon, remuez et faites revenir pendant 4 minutes.
2. Ajouter les haricots, le riz et les autres ingrédients, remuer, porter à ébullition et cuire à feu moyen pendant 25 minutes.
3. Remuer le mélange, répartir dans les assiettes et servir.

Nutrition: Calories 290, Lipides 15,3, Fibres 6,2, Glucides 14,6, Protéines 8

Un mélange de riz et de chou-fleur

Temps de préparation : 10 minutes
Temps de cuisson : 25 minutes
Portions : 4

Ingrédients:
- 1 tasse de bouquets de chou-fleur
- 1 tasse de riz blanc
- 2 tasses de bouillon de poulet faible en sodium
- 1 cuillère à soupe d'huile d'avocat
- 2 échalotes hachées
- ¼ tasse de canneberges
- ½ tasse d'amandes, tranchées

Instructions:
1. Faites chauffer une poêle avec de l'huile d'olive à feu moyen, ajoutez les échalotes, remuez et faites revenir 5 minutes.
2. Ajouter le chou-fleur, le riz et les autres ingrédients, remuer, porter à ébullition et cuire à feu moyen pendant 20 minutes.
3. Répartir le mélange dans les assiettes et servir.

Nutrition: Calories 290, Lipides 15,1, Fibres 5,6, Glucides 7, Protéines 4,5

mélange de haricots balsamique

Temps de préparation : 10 minutes
Temps de cuisson : 0 minute
Portions : 4

Ingrédients:
- 2 tasses de haricots noirs en conserve, non salés, égouttés et rincés
- 2 tasses de haricots blancs en conserve, non salés, égouttés et rincés
- 2 cuillères de vinaigre balsamique
- 2 cuillères à soupe d'huile d'olive
- 1 cuillère à café d'origan, séché
- 1 cuillère à café de basilic, séché
- 1 cuillère à soupe d'ail, haché

Instructions:
1. Dans un saladier, arrosez les haricots avec le vinaigre et les autres ingrédients, mélangez et servez en salade.

Nutrition: Calories 322, Lipides 15,1, Fibres 10, Glucides 22,0, Protéines 7

betterave crémeuse

Temps de préparation : 5 minutes
Temps de cuisson : 20 minutes
Portions : 4

Ingrédients:
- 1 livre de betteraves, pelées et coupées en dés
- 1 oignon rouge, haché
- 1 cuillère à soupe d'huile d'olive
- ½ tasse de crème de noix de coco
- 4 cuillères à soupe de yogourt faible en gras
- 1 cuillère à soupe d'ail, haché

Instructions:
1. Faites chauffer une poêle avec de l'huile d'olive à feu moyen, ajoutez l'oignon, remuez et faites revenir pendant 4 minutes.
2. Ajouter la betterave, la crème sure et les autres ingrédients, mélanger, cuire à feu moyen pendant encore 15 minutes, répartir dans des assiettes et servir.

Nutrition: Calories 250, Lipides 13,4, Fibres 3, Glucides 13,3, Protéines 6,4

Mélange avocat et poivron

Temps de préparation : 10 minutes
Temps de cuisson : 14 minutes
Portions : 4

Ingrédients:
- 1 cuillère à soupe d'huile d'avocat
- 1 cuillère à café de paprika doux
- 1 livre de poivrons mélangés, coupés en lanières
- 1 avocat, pelé, dénoyauté et coupé en deux
- 1 cuillère à café d'ail en poudre
- 1 cuillère à café de romarin, séché
- ½ tasse de bouillon de légumes à faible teneur en sodium
- poivre noir au goût

Instructions:
1. Faites chauffer une poêle avec de l'huile d'olive à feu moyen, ajoutez tous les poivrons, mélangez et faites revenir 5 minutes.
2. Ajouter le reste des ingrédients, mélanger, cuire encore 9 minutes à feu moyen, répartir dans des assiettes et servir.

Nutrition: Calories 245, Lipides 13,8, Fibres 5, Glucides 22,5, Protéines 5,4

Patates douces et betteraves rôties

Temps de préparation : 10 minutes
Temps de cuisson : 1 heure
Portions : 4

Ingrédients:
- 3 cuillères à soupe d'huile d'olive
- 2 patates douces, pelées et coupées en quartiers
- 2 betteraves, pelées et tranchées
- 1 cuillère à soupe d'origan, haché
- 1 cuillère à soupe de jus de citron
- poivre noir au goût

Instructions:
1. Disposez les patates douces et les betteraves sur une plaque à pâtisserie tapissée, ajoutez le reste des ingrédients, mélangez, placez au four et faites cuire à 375 degrés F pendant 1 heure.
2. Répartir dans les assiettes et servir en accompagnement.

Nutrition: Calories 240, Lipides 11.2, Fibres 4, Glucides 8.6, Protéines 12.1

chou braisé

Temps de préparation : 10 minutes
Temps de cuisson : 15 minutes
Portions : 4

Ingrédients:
- 2 cuillères à soupe d'huile d'olive
- 3 cuillères à soupe d'acides aminés de noix de coco
- 1 livre de chou frisé, râpé
- 1 oignon rouge, haché
- 2 gousses d'ail, hachées
- 1 cuillère à soupe de jus de citron
- 1 cuillère à soupe de coriandre, hachée

Instructions:
1. Faites chauffer une poêle avec de l'huile d'olive à feu moyen, ajoutez l'oignon et l'ail et faites revenir pendant 5 minutes.
2. Ajouter le chou et les autres ingrédients, remuer, cuire à feu moyen pendant 10 minutes, répartir dans les assiettes et servir.

Nutrition: Calories 200, Lipides 7.1, Fibres 2, Glucides 6.4, Protéines 6

carottes assaisonnées

Temps de préparation : 10 minutes
Temps de cuisson : 20 minutes
Portions : 4

Ingrédients:
- 1 cuillère à soupe de jus de citron
- 1 cuillère à soupe d'huile d'olive
- ½ cuillère à café de piment de la Jamaïque moulu
- ½ cuillère à café de cumin, moulu
- ½ cuillère à café de muscade, moulue
- 1 livre de mini-carottes, parées
- 1 cuillère à soupe de romarin, haché
- poivre noir au goût

Instructions:
1. Mélanger les carottes avec le jus de citron, l'huile et les autres ingrédients dans une casserole, mélanger, mettre au four et cuire à 400 degrés F pendant 20 minutes.
2. Répartir dans les assiettes et servir.

Nutrition: Calories 260, Lipides 11,2, Fibres 4,5, Glucides 8,3, Protéines 4,3

artichauts au citron

Temps de préparation : 10 minutes
Temps de cuisson : 20 minutes
Portions : 4

Ingrédients:
- 2 cuillères à soupe de jus de citron
- 4 artichauts, parés et coupés en deux
- 1 cuillère à soupe d'aneth, haché
- 2 cuillères à soupe d'huile d'olive
- Une pincée de poivre noir

Instructions:
1. Mélanger les artichauts avec le jus de citron et d'autres ingrédients dans une poêle, mélanger doucement et cuire au four à 400 degrés F pendant 20 minutes. Répartir dans les assiettes et servir.

Nutrition: Calories 140, Lipides 7,3, Fibres 8,9, Glucides 17,7, Protéines 5,5

Brocoli, haricots et riz

Temps de préparation : 10 minutes
Temps de cuisson : 30 minutes
Portions : 4

Ingrédients:
- 1 tasse de bouquets de brocoli hachés
- 1 tasse de haricots noirs en conserve, non salés, égouttés
- 1 tasse de riz blanc
- 2 tasses de bouillon de poulet faible en sodium
- 2 cuillères à café de paprika
- poivre noir au goût

Instructions:
1. Versez le bouillon dans une casserole, placez sur feu moyen, ajoutez le riz et les autres ingrédients, remuez, portez à ébullition et laissez cuire 30 minutes en remuant de temps en temps.
2. Répartir le mélange dans les assiettes et servir en accompagnement.

Nutrition: Calories 347, Lipides 1.2, Fibres 9, Glucides 69.3, Protéines 15.1

Mélange de citrouille rôtie

Temps de préparation : 10 minutes
Temps de cuisson : 45 minutes
Portions : 4

Ingrédients:
- 2 cuillères à soupe d'huile d'olive
- 2 livres de citrouille, pelée et tranchée
- 1 cuillère à soupe de jus de citron
- 1 cuillère à café de piment en poudre
- 1 cuillère à café d'ail en poudre
- 2 cuillères à café de coriandre, hachée
- Une pincée de poivre noir

instructions
1. Mélanger la courge musquée avec de l'huile et d'autres ingrédients dans une casserole, mélanger doucement, cuire au four à 400 degrés F pendant 45 minutes, répartir entre les assiettes et servir comme plat d'accompagnement.

Nutrition: Calories 167, Lipides 7,4, Fibres 4,9, Glucides 27,5, Protéines 2,5

asperges crémeuses

Temps de préparation : 5 minutes
Temps de cuisson : 20 minutes
Portions : 4

Ingrédients:
- ½ cuillère à café de muscade, moulue
- 1 livre d'asperges, parées et coupées en deux
- 1 tasse de crème de noix de coco
- 1 oignon jaune, haché
- 2 cuillères à soupe d'huile d'olive
- 1 cuillère à soupe de jus de citron
- 1 cuillère à soupe de coriandre, hachée

Instructions:
1. Faire chauffer une poêle avec de l'huile d'olive à feu moyen, ajouter l'oignon et la muscade, remuer et faire revenir pendant 5 minutes.
2. Ajouter les asperges et les autres ingrédients, remuer, porter à ébullition et cuire à feu moyen pendant 15 minutes.
3. Répartir dans les assiettes et servir.

Nutrition: Calories 236, Lipides 21,6, Fibres 4,4, Glucides 11,4, Protéines 4,2

Mélange de navets au basilic

Temps de préparation : 10 minutes
Temps de cuisson : 15 minutes
Portions : 4

Ingrédients:
- 1 cuillère à soupe d'huile d'avocat
- 4 navets, tranchés
- ¼ tasse de basilic, haché
- poivre noir au goût
- ¼ tasse de bouillon de légumes à faible teneur en sodium
- ½ tasse de noix, hachées
- 2 gousses d'ail, hachées

Instructions:
1. Faites chauffer une poêle avec de l'huile d'olive à feu moyen, ajoutez l'ail et les navets et faites revenir pendant 5 minutes.
2. Ajouter le reste des ingrédients, mélanger, cuire encore 10 minutes, répartir dans des assiettes et servir.

Nutrition: Calories 140, Lipides 9,7, Fibres 3,3, Glucides 10,5, Protéines 5

Un mélange de riz et de câpres

Temps de préparation : 10 minutes
Temps de cuisson : 20 minutes
Portions : 4

Ingrédients:
- 1 tasse de riz blanc
- 1 cuillère à soupe de câpres, hachées
- 2 tasses de bouillon de poulet faible en sodium
- 1 oignon rouge, haché
- 1 cuillère à soupe d'huile d'avocat
- 1 cuillère à soupe de coriandre, hachée
- 1 cuillère à café de paprika doux

Instructions:
1. Faire chauffer une poêle avec de l'huile à feu moyen, ajouter l'oignon, remuer et faire revenir pendant 5 minutes.
2. Ajouter le riz, les câpres et les autres ingrédients, remuer, porter à ébullition et cuire 15 minutes.
3. Répartir le mélange dans les assiettes et servir en accompagnement.

Nutrition: Calories 189, Lipides 0,9, Fibres 1,6, Glucides 40,2, Protéines 4,3

Un mélange d'épinards et de chou

Temps de préparation : 5 minutes
Temps de cuisson : 15 minutes
Portions : 4

Ingrédients:
- 2 tasses de pousses d'épinards
- 5 tasses de chou, haché
- 2 échalotes hachées
- 2 gousses d'ail, hachées
- 1 tasse de tomates en conserve non salées, hachées
- 1 cuillère à soupe d'huile d'olive

Instructions:
1. Faites chauffer une poêle avec de l'huile d'olive à feu moyen, ajoutez les échalotes, remuez et faites revenir 5 minutes.
2. Ajouter les épinards, le chou frisé et les autres ingrédients, remuer, cuire encore 10 minutes, répartir dans des assiettes et servir en accompagnement.

Nutrition: Calories 89, Lipides 3,7, Fibres 2,2, Glucides 12,4, Protéines 3,6

Mélange de crevettes et d'ananas

Temps de préparation : 10 minutes
Temps de cuisson : 10 minutes
Portions : 4

Ingrédients:
- 1 cuillère à soupe d'huile d'olive
- 1 livre de crevettes, décortiquées et éviscérées
- 1 tasse d'ananas pelé et haché
- 1 jus de citron
- Un brin de persil, haché

Instructions:
1. Faire chauffer une poêle avec de l'huile à feu moyen, ajouter les crevettes et cuire 3 minutes de chaque côté.
2. Ajouter le reste des ingrédients, cuire encore 4 minutes, répartir dans des bols et servir.

Nutrition: Calories 254, Lipides 13,3, Fibres 6, Glucides 14,9, Protéines 11

Saumon et olives vertes

Temps de préparation : 10 minutes
Temps de cuisson : 20 minutes
Portions : 4

Ingrédients:
- 1 oignon jaune, haché
- 1 tasse d'olives vertes, dénoyautées et coupées en deux
- 1 cuillère à café de piment en poudre
- poivre noir au goût
- 2 cuillères à soupe d'huile d'olive
- ¼ tasse de bouillon de légumes à faible teneur en sodium
- 4 filets de saumon sans peau et désossé
- 2 cuillères à soupe d'ail, haché

Instructions:
1. Faire chauffer une poêle avec de l'huile à feu moyen, ajouter l'oignon et faire revenir pendant 3 minutes.
2. Ajouter le saumon et cuire 5 minutes de chaque côté. Ajouter le reste des ingrédients, cuire encore 5 minutes, répartir dans des assiettes et servir.

Nutrition: Calories 221, Lipides 12.1, Fibres 5.4, Glucides 8.5, Protéines 11.2

saumon et fenouil

Temps de préparation : 5 minutes
Temps de cuisson : 15 minutes
Portions : 4

Ingrédients:
- 4 filets de saumon moyens, sans peau et sans arêtes
- 1 bulbe de fenouil, haché
- ½ tasse de bouillon de légumes à faible teneur en sodium
- 2 cuillères à soupe d'huile d'olive
- poivre noir au goût
- ¼ tasse de bouillon de légumes à faible teneur en sodium
- 1 cuillère à soupe de jus de citron
- 1 cuillère à soupe de coriandre, hachée

Instructions:
1. Faire chauffer une poêle avec de l'huile d'olive à feu moyen, ajouter le fenouil et faire revenir 3 minutes.
2. Ajouter le poisson et cuire 4 minutes de chaque côté.
3. Ajouter le reste des ingrédients, cuire le tout encore 4 minutes, répartir sur des assiettes et servir.

Nutrition: Calories 252, Lipides 9.3, Fibres 4.2, Glucides 12.3, Protéines 9

cabillaud et asperges

Temps de préparation : 10 minutes
Temps de cuisson : 14 minutes
Portions : 4

Ingrédients:
- 1 cuillère à soupe d'huile d'olive
- 1 oignon rouge, haché
- 1 livre de filets de cabillaud, désossés
- 1 botte d'asperges, parées
- poivre noir au goût
- 1 tasse de crème de noix de coco
- 1 cuillère à soupe d'ail, haché

Instructions:
1. Faire chauffer une poêle avec de l'huile d'olive à feu moyen, ajouter l'oignon et la morue et faire revenir 3 minutes de chaque côté.
2. Ajouter le reste des ingrédients, cuire le tout encore 8 minutes, répartir sur des assiettes et servir.

Nutrition: Calories 254, Lipides 12.1, Fibres 5.4, Glucides 4.2, Protéines 13.5

crevettes épicées

Temps de préparation : 5 minutes
Temps de cuisson : 8 minutes
Portions : 4

Ingrédients:
- 1 cuillère à café d'ail en poudre
- 1 cuillère à café de paprika fumé
- 1 cuillère à café de cumin, moulu
- 1 cuillère à café de piment de la Jamaïque moulu
- 2 cuillères à soupe d'huile d'olive
- 2 livres de crevettes, décortiquées et éviscérées
- 1 cuillère à soupe d'ail, haché

Instructions:
1. Faites chauffer une poêle avec de l'huile d'olive à feu moyen, ajoutez les crevettes, les poireaux et les autres ingrédients, faites revenir 4 minutes de chaque côté, répartissez dans des bols et servez.

Nutrition: Calories 212, Lipides 9,6, Fibres 5,3, Glucides 12,7, Protéines 15,4

loup de mer et tomate

Temps de préparation : 10 minutes
Temps de cuisson : 30 minutes
Portions : 4

Ingrédients:
- 2 cuillères à soupe d'huile d'olive
- 2 livres de filets de bar sans peau et sans arêtes
- poivre noir au goût
- 2 tasses de tomates cerises, coupées en deux
- 1 cuillère à soupe d'ail, haché
- 1 cuillère à soupe de zeste de citron, râpé
- ¼ tasse de jus de citron

Instructions:
1. Graissez un plat allant au four avec de l'huile et placez le poisson à l'intérieur.
2. Ajouter les tomates et les autres ingrédients, placer la casserole dans le four et cuire à 380 degrés F pendant 30 minutes.
3. Répartissez le tout dans les assiettes et servez.

Nutrition: Calories 272, Lipides 6,9, Fibres 6,2, Glucides 18,4, Protéines 9

crevettes et haricots

Temps de préparation : 10 minutes
Temps de cuisson : 12 minutes
Portions : 4

Ingrédients:
- 1 livre de crevettes, décortiquées et éviscérées
- 1 cuillère à soupe d'huile d'olive
- jus de 1 citron vert
- 1 tasse de haricots noirs en conserve, non salés, égouttés
- 1 échalote hachée
- 1 cuillère à soupe d'origan, haché
- 2 gousses d'ail, hachées
- poivre noir au goût

Instructions:
1. Faites chauffer une poêle avec de l'huile d'olive à feu moyen, ajoutez les échalotes et l'ail, remuez et faites revenir pendant 3 minutes.
2. Ajouter les crevettes et cuire 2 minutes de chaque côté.
3. Ajouter les haricots et les autres ingrédients, cuire le tout à feu moyen pendant encore 5 minutes, répartir dans des bols et servir.

Nutrition: calories 253, lipides 11,6, fibres 6, glucides 14,5, protéines 13,5

Mélange de crevettes et de raifort

Temps de préparation : 5 minutes
Temps de cuisson : 8 minutes
Portions : 4

Ingrédients:
- 1 livre de crevettes, décortiquées et éviscérées
- 2 échalotes hachées
- 1 cuillère à soupe d'huile d'olive
- 1 cuillère à soupe d'ail, haché
- 2 cuillères à café de raifort préparé
- ¼ tasse de crème de noix de coco
- poivre noir au goût

Instructions:
4 Faites chauffer une poêle avec de l'huile d'olive à feu moyen, ajoutez les échalotes et le raifort, remuez et faites revenir 2 minutes.
5 Ajouter les crevettes et les autres ingrédients, remuer, cuire encore 6 minutes, répartir dans des assiettes et servir.

Nutrition: Calories 233, Lipides 6, Fibres 5, Glucides 11,9, Protéines 5,4

Salade de crevettes et estragon

Temps de préparation : 4 minutes
Temps de cuisson : 0 minute
Portions : 4

Ingrédients:
- 1 livre de crevettes, cuites, décortiquées et éviscérées
- 1 cuillère à soupe d'estragon, haché
- 1 cuillère à soupe de câpres, égouttées
- 2 cuillères à soupe d'huile d'olive
- poivre noir au goût
- 2 tasses de pousses d'épinards
- 1 cuillère à soupe de vinaigre balsamique
- 1 petit oignon rouge, haché
- 2 cuillères à soupe de jus de citron

Instructions:
4 Dans un bol, mélanger les crevettes avec l'estragon et les autres ingrédients, remuer et servir.

Nutrition: Calories 258, Lipides 12,4, Fibres 6, Glucides 6,7, Protéines 13,3

parmigiana de morue

Temps de préparation : 10 minutes
Temps de cuisson : 20 minutes
Portions : 4

Ingrédients:
- 4 filets de cabillaud désossés
- ½ tasse de parmesan faible en gras, râpé
- 3 gousses d'ail, hachées
- 1 cuillère à soupe d'huile d'olive
- 1 cuillère à soupe de jus de citron
- ½ tasse d'oignon vert, haché

Instructions:
1. Faites chauffer une poêle avec de l'huile d'olive à feu moyen, ajoutez l'ail et la ciboulette, mélangez et faites revenir 5 minutes.
2. Ajouter le poisson et cuire 4 minutes de chaque côté.
3. Verser le jus de citron, saupoudrer de parmesan dessus, cuire le tout encore 2 minutes, répartir dans des assiettes et servir.

Nutrition: Calories 275, Lipides 22,1, Fibres 5, Glucides 18,2, Protéines 12

Mélange de tilapia et d'oignons rouges

Temps de préparation : 10 minutes
Temps de cuisson : 15 minutes
Portions : 4

Ingrédients:
- 4 filets de tilapia désossés
- 2 cuillères à soupe d'huile d'olive
- 1 cuillère à soupe de jus de citron
- 2 cuillères à café de zeste de citron, râpé
- 2 oignons rouges, hachés grossièrement
- 3 cuillères à soupe d'ail, haché

Instructions:
1. Faire chauffer une poêle avec de l'huile d'olive à feu moyen, ajouter l'oignon, le zeste et le jus de citron, remuer et faire sauter pendant 5 minutes.
2. Ajouter le poisson et la ciboulette, cuire 5 minutes de chaque côté, répartir dans les assiettes et servir.

Nutrition: Calories 254, Lipides 18,2, Fibres 5,4, Glucides 11,7, Protéines 4,5

salade de truite

Temps de préparation : 6 minutes
Temps de cuisson : 0 minute
Portions : 4

Ingrédients:
- 4 onces de truite fumée, sans peau, sans arêtes et en cubes
- 1 cuillère à soupe de jus de citron
- 1/3 tasse de yogourt faible en gras
- 2 avocats, pelés, dénoyautés et hachés
- 3 cuillères à soupe d'ail, haché
- poivre noir au goût
- 1 cuillère à soupe d'huile d'olive

Instructions:
1. Dans un bol, mélanger la truite avec les avocats et les autres ingrédients, mélanger et servir.

Nutrition: Calories 244, Lipides 9,45, Fibres 5,6, Glucides 8,5, Protéines 15

truite balsamique

Temps de préparation : 5 minutes
Temps de cuisson : 15 minutes
Portions : 4

Ingrédients:
- 3 cuillères de vinaigre balsamique
- 2 cuillères à soupe d'huile d'olive
- 4 filets de truite sans arêtes
- 3 cuillères à soupe de persil finement haché
- 2 gousses d'ail, hachées

Instructions:
1. Faire chauffer une poêle avec de l'huile à feu moyen, ajouter la truite et faire revenir 6 minutes de chaque côté.
2. Ajouter le reste des ingrédients, cuire encore 3 minutes, répartir dans des assiettes et servir avec une salade.

Nutrition:Calories 314, Lipides 14,3, Fibres 8,2, Glucides 14,8, Protéines 11,2

persil persil

Temps de préparation : 5 minutes
Temps de cuisson : 12 minutes
Portions : 4

Ingrédients:
- 2 ciboulette ciselée
- 2 cuillères à café de jus de citron
- 1 cuillère à soupe d'ail, haché
- 1 cuillère à soupe d'huile d'olive
- 4 filets de saumon désossés
- poivre noir au goût
- 2 cuillères à soupe de persil, haché

Instructions:
1. Faites chauffer une poêle avec de l'huile d'olive à feu moyen, ajoutez l'oignon, remuez et faites revenir pendant 2 minutes.
2. Ajouter le saumon et les autres ingrédients, cuire 5 minutes de chaque côté, répartir dans les assiettes et servir.

Nutrition: Calories 290, Lipides 14,4, Fibres 5,6, Glucides 15,6, Protéines 9,5

Salade de truite et légumes

Temps de préparation : 5 minutes
Temps de cuisson : 0 minute
Portions : 4

Ingrédients:
- 2 cuillères à soupe d'huile d'olive
- ½ tasse d'olives kalamata, dénoyautées et dénoyautées
- poivre noir au goût
- 1 livre de truite fumée, désossée, sans peau et en cubes
- ½ cuillère à café de zeste de citron, râpé
- 1 cuillère à soupe de jus de citron
- 1 tasse de tomates cerises, coupées en deux
- ½ oignon rouge, tranché
- 2 tasses de bébé roquette

Instructions:
1. Mélanger la truite fumée avec les olives, le poivre noir et les autres ingrédients dans un bol, mélanger et servir.

Nutrition: Calories 282, Lipides 13,4, Fibres 5,3, Glucides 11,6, Protéines 5,6

saumon au safran

Temps de préparation : 10 minutes
Temps de cuisson : 12 minutes
Portions : 4

Ingrédients:
- poivre noir au goût
- ½ cuillère à café de paprika doux
- 4 filets de saumon désossés
- 3 cuillères à soupe d'huile d'olive
- 1 oignon jaune, haché
- 2 gousses d'ail, hachées
- ¼ cuillère à café de poudre de curcuma

Instructions:
1. Faire chauffer une poêle avec de l'huile d'olive à feu moyen-vif, ajouter l'oignon et l'ail, mélanger et faire sauter pendant 2 minutes.
2. Ajouter le saumon et les autres ingrédients, cuire 5 minutes de chaque côté, répartir dans les assiettes et servir.

Nutrition: Calories 339, Lipides 21,6, Fibres 0,7, Glucides 3,2, Protéines 35

Salade de crevettes et pastèque

Temps de préparation : 10 minutes
Temps de cuisson : 0 minute
Portions : 4

Ingrédients:
- ¼ tasse de basilic, haché
- 2 tasses de pastèque, pelée et coupée en dés
- 2 cuillères de vinaigre balsamique
- 2 cuillères à soupe d'huile d'olive
- 1 livre de crevettes, décortiquées, nettoyées et cuites
- poivre noir au goût
- 1 cuillère à soupe de persil, haché

Instructions:
1. Dans un bol, mélanger les crevettes avec la pastèque et les autres ingrédients, mélanger et servir.

Nutrition: Calories 220, Lipides 9, Fibres 0,4, Glucides 7,6, Protéines 26,4

Salade de crevettes à l'origan et au quinoa

Temps de préparation : 5 minutes
Temps de cuisson : 8 minutes
Portions : 4

Ingrédients:
- 1 livre de crevettes, décortiquées et éviscérées
- 1 tasse de quinoa, cuit
- poivre noir au goût
- 1 cuillère à soupe d'huile d'olive
- 1 cuillère à soupe d'origan, haché
- 1 oignon rouge, haché
- 1 jus de citron

Instructions:
1. Faites chauffer une poêle avec de l'huile d'olive à feu moyen, ajoutez l'oignon, remuez et faites revenir pendant 2 minutes.
2. Ajouter les crevettes, remuer et cuire 5 minutes.
3. Ajouter le reste des ingrédients, mélanger, répartir le tout dans des bols et servir.

Nutrition: Calories 336, Lipides 8.2, Fibres 4.1, Glucides 32.3, Protéines 32.3

Salade de crabe

Temps de préparation : 10 minutes
Temps de cuisson : 0 minute
Portions : 4

Ingrédients:
- 1 cuillère à soupe d'huile d'olive
- 2 tasses de chair de crabe
- poivre noir au goût
- 1 tasse de tomates cerises, coupées en deux
- 1 échalote hachée
- 1 cuillère à soupe de jus de citron
- 1/3 tasse de coriandre, hachée

Instructions:
1. Dans un bol, mélanger les crabes avec les tomates et les autres ingrédients, mélanger et servir.

Nutrition: Calories 54, Lipides 3,9, Fibres 0,6, Glucides 2,6, Protéines 2,3

pétoncles balsamiques

Temps de préparation : 4 minutes
Temps de cuisson : 6 minutes
Portions : 4

Ingrédients:
- 12 onces de pétoncles
- 2 cuillères à soupe d'huile d'olive
- 2 gousses d'ail, hachées
- 1 cuillère à soupe de vinaigre balsamique
- 1 tasse de ciboulette, hachée
- 2 cuillères à soupe de coriandre, hachée

Instructions:
1. Faites chauffer une poêle avec de l'huile d'olive à feu moyen, ajoutez l'oignon et l'ail et faites revenir 2 minutes.
2. Ajouter les pétoncles et les autres ingrédients, cuire 2 minutes de chaque côté, répartir dans les assiettes et servir.

Nutrition: Calories 146, Lipides 7,7, Fibres 0,7, Glucides 4,4, Protéines 14,8

Mélange de sole crémeuse

Temps de préparation : 10 minutes
Temps de cuisson : 20 minutes
Portions : 4

Ingrédients:
- 2 cuillères à soupe d'huile d'olive
- 1 oignon rouge, haché
- poivre noir au goût
- ½ tasse de bouillon de légumes à faible teneur en sodium
- 4 filets de sole désossés
- ½ tasse de crème de noix de coco
- 1 cuillère à soupe d'aneth, haché

Instructions:
1. Faire chauffer une poêle avec de l'huile à feu moyen, ajouter l'oignon, remuer et faire revenir pendant 5 minutes.
2. Ajouter le poisson et cuire 4 minutes de chaque côté.
3. Ajouter le reste des ingrédients, cuire encore 7 minutes, répartir dans les assiettes et servir.

Nutrition: Calories 232, Lipides 12,3, Fibres 4, Glucides 8,7, Protéines 12

Mélange épicé de saumon et de mangue

Temps de préparation : 5 minutes
Temps de cuisson : 0 minute
Portions : 4

Ingrédients:
- 1 livre de saumon fumé, désossé, sans peau et émietté
- poivre noir au goût
- 1 oignon rouge, haché
- 1 mangue, pelée, épépinée et hachée
- 2 piments jalapeno hachés
- ¼ tasse de persil, haché
- 3 cuillères à soupe de jus de citron vert
- 1 cuillère à soupe d'huile d'olive

Instructions:
2. Mélangez le saumon avec le poivre noir et les autres ingrédients dans un bol, mélangez et servez.

Nutrition: Calories 323, Lipides 14,2, Fibres 4, Glucides 8,5, Protéines 20,4

Mélange de crevettes à l'aneth

Temps de préparation : 5 minutes
Temps de cuisson : 0 minute
Portions : 4

Ingrédients:
- 2 cuillères à café de jus de citron
- 1 cuillère à soupe d'huile d'olive
- 1 cuillère à soupe d'aneth, haché
- 1 livre de crevettes, cuites, décortiquées et éviscérées
- poivre noir au goût
- 1 tasse de radis coupés en cubes

Instructions:
1. Mélanger les crevettes avec le jus de citron et les autres ingrédients dans un bol, remuer et servir.

Nutrition: Calories 292, Lipides 13, Fibres 4.4, Glucides 8, Protéines 16.4

Pâté de saumon

Temps de préparation : 4 minutes
Temps de cuisson : 0 minute
Portions : 6

Ingrédients:
- 6 onces de saumon fumé, désossé, sans peau et râpé
- 2 cuillères à soupe de yaourt faible en gras
- 3 cuillères à café de jus de citron
- 2 ciboulette ciselée
- 8 onces de fromage à la crème faible en gras
- ¼ tasse de coriandre, hachée

Instructions:
1. Mélanger le saumon avec le yogourt et les autres ingrédients dans un bol, fouetter et servir froid.

Nutrition: Calories 272, Lipides 15,2, Fibres 4,3, Glucides 16,8, Protéines 9,9

crevettes à l'artichaut

Temps de préparation : 4 minutes
Temps de cuisson : 8 minutes
Portions : 4

Ingrédients:
- 2 oignons verts, hachés
- 1 tasse d'artichauts en conserve non salés, égouttés et coupés en quartiers
- 2 cuillères à soupe de coriandre, hachée
- 1 livre de crevettes, décortiquées et éviscérées
- 1 tasse de tomates cerises, coupées en dés
- 1 cuillère à soupe d'huile d'olive
- 1 cuillère à soupe de vinaigre balsamique
- Une pincée de sel et de poivre noir

Instructions:
1. Faire chauffer une poêle avec de l'huile d'olive à feu moyen, ajouter l'oignon et les artichauts, remuer et faire revenir 2 minutes.
2. Ajouter les crevettes, remuer et cuire à feu moyen pendant 6 minutes.
3. Répartir le tout dans des bols et servir.

Nutrition: calories 260, lipides 8,23, fibres 3,8, glucides 14,3, protéines 12,4

Crevettes sauce au citron

Temps de préparation : 5 minutes
Temps de cuisson : 8 minutes
Portions : 4

Ingrédients:
- 1 livre de crevettes, décortiquées et éviscérées
- 2 cuillères à soupe d'huile d'olive
- 1 zeste de citron, râpé
- Jus de ½ citron
- 1 cuillère à soupe d'ail, haché

Instructions:
1. Faire chauffer une poêle avec de l'huile d'olive à feu moyen-élevé, ajouter le zeste de citron, le jus de citron et la coriandre, remuer et cuire 2 minutes.
2. Ajouter les crevettes, cuire encore 6 minutes, répartir dans les assiettes et servir.

Nutrition: Calories 195, Lipides 8,9, Fibres 0, Glucides 1,8, Protéines 25,9

Un mélange de thon et d'orange

Temps de préparation : 5 minutes
Temps de cuisson : 12 minutes
Portions : 4

Ingrédients:
- 4 filets de thon désossés
- poivre noir au goût
- 2 cuillères à soupe d'huile d'olive
- 2 échalotes hachées
- 3 cuillères à soupe de jus d'orange
- 1 orange, pelée et tranchée
- 1 cuillère à soupe d'origan, haché

Instructions:
1. Faites chauffer une poêle avec de l'huile d'olive à feu moyen, ajoutez les échalotes, remuez et faites revenir 2 minutes.
2. Ajouter le thon et les autres ingrédients, cuire encore 10 minutes, répartir dans des assiettes et servir.

Nutrition: Calories 457, Lipides 38,2, Fibres 1,6, Glucides 8,2, Protéines 21,8

curry de saumon

Temps de préparation : 10 minutes
Temps de cuisson : 20 minutes
Portions : 4

Ingrédients:

- 1 livre de filets de saumon, désossés et coupés en dés
- 3 cuillères à soupe de pâte de curry rouge
- 1 oignon rouge, haché
- 1 cuillère à café de paprika doux
- 1 tasse de crème de noix de coco
- 1 cuillère à soupe d'huile d'olive
- poivre noir au goût
- ½ tasse de bouillon de poulet à faible teneur en sodium
- 3 cuillères à soupe de basilic, haché

Instructions:

1. Faites chauffer une poêle avec de l'huile d'olive à feu moyen, ajoutez l'oignon, le poivron et la pâte de curry, mélangez et laissez cuire 5 minutes.
2. Ajouter le saumon et les autres ingrédients, mélanger délicatement, cuire à feu moyen pendant 15 minutes, répartir dans des bols et servir.

Nutrition: Calories 377, Lipides 28,3, Fibres 2,1, Glucides 8,5, Protéines 23,9

Mélange saumon et carotte

Temps de préparation : 10 minutes
Temps de cuisson : 15 minutes
Portions : 4

Ingrédients:
- 4 filets de saumon désossés
- 1 oignon rouge, haché
- 2 carottes, tranchées
- 2 cuillères à soupe d'huile d'olive
- 2 cuillères de vinaigre balsamique
- poivre noir au goût
- 2 cuillères à soupe d'ail, haché
- ¼ tasse de bouillon de légumes à faible teneur en sodium

Instructions:
1. Faites chauffer une poêle avec de l'huile d'olive à feu moyen, ajoutez l'oignon et la carotte, remuez et faites revenir pendant 5 minutes.
2. Nous ajoutons le saumon et les autres ingrédients, faisons frire le tout pendant encore 10 minutes, répartissons-le sur des assiettes et servons.

Nutrition: Calories 322, Lipides 18, Fibres 1.4, Glucides 6, Protéines 35.2

Mélange de crevettes et pignons de pin

Temps de préparation : 10 minutes
Temps de cuisson : 10 minutes
Portions : 4

Ingrédients:
- 1 livre de crevettes, décortiquées et éviscérées
- 2 cuillères de pignons de pin
- 1 cuillère à soupe de jus de citron
- 2 cuillères à soupe d'huile d'olive
- 3 gousses d'ail, hachées
- poivre noir au goût
- 1 cuillère à soupe de thym, haché
- 2 cuillères à soupe de ciboulette, finement hachée

Instructions:
1. Faire chauffer une poêle avec de l'huile d'olive à feu moyen-vif, ajouter l'ail, le thym, les pignons de pin et le jus de citron vert, remuer et cuire 3 minutes.
2. Ajouter les crevettes, le poivre noir et la ciboulette, remuer, cuire encore 7 minutes, répartir dans des assiettes et servir.

Nutrition: Calories 290, Lipides 13, Fibres 4,5, Glucides 13,9, Protéines 10

Morue aux Poivrons et Haricots Verts

Temps de préparation : 10 minutes
Temps de cuisson : 14 minutes
Portions : 4

Ingrédients:
- 4 filets de cabillaud désossés
- ½ livre de haricots verts, parés et coupés en deux
- 1 cuillère à soupe de jus de citron
- 1 cuillère à soupe de zeste de citron, râpé
- 1 oignon jaune, haché
- 2 cuillères à soupe d'huile d'olive
- 1 cuillère à café de cumin, moulu
- 1 cuillère à café de piment en poudre
- ½ tasse de bouillon de légumes à faible teneur en sodium
- Une pincée de sel et de poivre noir

Instructions:
1. Faire chauffer une poêle avec de l'huile à feu moyen-élevé, ajouter l'oignon, remuer et cuire 2 minutes.
2. Ajouter le poisson et cuire 3 minutes de chaque côté.
3. Ajouter les haricots verts et les autres ingrédients, mélanger délicatement, cuire encore 7 minutes, répartir dans des assiettes et servir.

Nutrition: Calories 220, Lipides 13, Glucides 14,3, Fibres 2,3, Protéines 12

pétoncles à l'ail

Temps de préparation : 5 minutes
Temps de cuisson : 8 minutes
Portions : 4

Ingrédients:
- 12 pétoncles
- 1 oignon rouge, tranché
- 2 cuillères à soupe d'huile d'olive
- ½ cuillère à café d'ail, haché
- 2 cuillères à soupe de jus de citron
- poivre noir au goût
- 1 cuillère à café de vinaigre balsamique

Instructions:
1. Faites chauffer une poêle avec de l'huile d'olive à feu moyen, ajoutez l'oignon et l'ail et faites revenir pendant 2 minutes.
2. Ajouter les pétoncles et les autres ingrédients, cuire à feu moyen encore 6 minutes, répartir dans les assiettes et servir chaud.

Nutrition: Calories 259, Lipides 8, Fibres 3, Glucides 5,7, Protéines 7

Mélange crémeux de loup de mer

Temps de préparation : 10 minutes
Temps de cuisson : 14 minutes
Portions : 4

Ingrédients:
- 4 filets de bar désossés
- 1 tasse de crème de noix de coco
- 1 oignon jaune, haché
- 1 cuillère à soupe de jus de citron
- 2 cuillères d'huile d'avocat
- 1 cuillère à soupe de persil, haché
- Une pincée de poivre noir

Instructions:
1. Faites chauffer une poêle avec de l'huile d'olive à feu moyen, ajoutez l'oignon, mélangez et faites revenir 2 minutes.
2. Ajouter le poisson et cuire 4 minutes de chaque côté.
3. Ajouter le reste des ingrédients, cuire le tout encore 4 minutes, répartir sur des assiettes et servir.

Nutrition: Calories 283, Lipides 12,3, Fibres 5, Glucides 12,5, Protéines 8

Un mélange de bar et de champignons

Temps de préparation : 10 minutes
Temps de cuisson : 13 minutes
Portions : 4

Ingrédients:
- 4 filets de bar désossés
- 2 cuillères à soupe d'huile d'olive
- poivre noir au goût
- ½ tasse de champignons blancs tranchés
- 1 oignon rouge, haché
- 2 cuillères de vinaigre balsamique
- 3 cuillères à soupe de coriandre, hachée

Instructions:
1. Faire chauffer une poêle avec de l'huile d'olive à feu moyen, ajouter l'oignon et les champignons, remuer et cuire 5 minutes.
2. Ajouter le poisson et les autres ingrédients, cuire 4 minutes de chaque côté, répartir dans les assiettes et servir.

Nutrition: calories 280, lipides 12,3, fibres 8, glucides 13,6, protéines 14,3

soupe de saumon

Temps de préparation : 5 minutes
Temps de cuisson : 20 minutes
Portions : 4

Ingrédients:
- 1 livre de filets de saumon, désossés, sans peau et coupés en dés
- 1 tasse d'oignon jaune, haché
- 2 cuillères à soupe d'huile d'olive
- poivre noir au goût
- 2 tasses de bouillon de légumes à faible teneur en sodium
- 1 et ½ tasses de tomates hachées
- 1 cuillère à soupe de basilic, haché

Instructions:
1. Faire chauffer une poêle avec de l'huile d'olive à feu moyen, ajouter l'oignon, remuer et faire revenir pendant 5 minutes.
2. Ajouter le saumon et les autres ingrédients, porter à ébullition et cuire à feu moyen pendant 15 minutes.
3. Répartir la soupe dans les bols et servir.

Nutrition: Calories 250, Lipides 12,2, Fibres 5, Glucides 8,5, Protéines 7

Noix de muscade aux crevettes

Temps de préparation : 3 minutes
Temps de cuisson : 6 minutes
Portions : 4

Ingrédients:
- 1 livre de crevettes, décortiquées et éviscérées
- 2 cuillères à soupe d'huile d'olive
- 1 cuillère à soupe de jus de citron
- 1 cuillère à soupe de muscade, moulue
- poivre noir au goût
- 1 cuillère à soupe de coriandre, hachée

Instructions:
1. Faire chauffer une poêle avec de l'huile à feu moyen, ajouter les crevettes, le jus de citron et les autres ingrédients, remuer, cuire 6 minutes, répartir dans des bols et servir.

Nutrition: Calories 205, Lipides 9,6, Fibres 0,4, Glucides 2,7, Protéines 26

Mélange de crevettes et fruits rouges

Temps de préparation : 4 minutes
Temps de cuisson : 6 minutes
Portions : 4

Ingrédients:
- 1 livre de crevettes, décortiquées et éviscérées
- ½ tasse de tomate, coupée en dés
- 2 cuillères à soupe d'huile d'olive
- 1 cuillère à soupe de vinaigre balsamique
- ½ tasse de fraises tranchées
- poivre noir au goût

Instructions:
1. Faire chauffer une poêle avec de l'huile à feu moyen, ajouter les crevettes, remuer et cuire 3 minutes.
2. Ajouter le reste des ingrédients, remuer, cuire encore 3-4 minutes, répartir dans des bols et servir.

Nutrition: Calories 205, Lipides 9, Fibres 0,6, Glucides 4, Protéines 26,2

truite citronnée au four

Temps de préparation : 10 minutes
Temps de cuisson : 30 minutes
Portions : 4

Ingrédients:
- 4 truites
- 1 cuillère à soupe de zeste de citron, râpé
- 2 cuillères à soupe d'huile d'olive
- 2 cuillères à soupe de jus de citron
- Une pincée de poivre noir
- 2 cuillères à soupe de coriandre, hachée

Instructions:
1. Dans un plat allant au four, mélanger le poisson avec le zeste de citron et les autres ingrédients et frotter.
2. Cuire au four à 370 degrés F pendant 30 minutes, répartir dans les assiettes et servir.

Nutrition: Calories 264, Lipides 12,3, Fibres 5, Glucides 7, Protéines 11

Pétoncles à la ciboulette

Temps de préparation : 3 minutes
Temps de cuisson : 4 minutes
Portions : 4

Ingrédients:
- 12 pétoncles
- 2 cuillères à soupe d'huile d'olive
- poivre noir au goût
- 2 cuillères à soupe d'ail, haché
- 1 cuillère à soupe de paprika doux

Instructions:
1. Faites chauffer une poêle avec de l'huile d'olive à feu moyen, ajoutez les pétoncles, le paprika et le reste des ingrédients et faites cuire 2 minutes de chaque côté.
2. Répartir dans les assiettes et servir avec une salade.

Nutrition: Calories 215, Lipides 6, Fibres 5, Glucides 4,5, Protéines 11

côtelettes de thon

Temps de préparation : 10 minutes
Temps de cuisson : 30 minutes
Portions : 4

Ingrédients:
- 2 cuillères à soupe d'huile d'olive
- 1 livre de thon, sans peau, désossé et haché
- 1 oignon jaune, haché
- ¼ tasse d'ail, haché
- 1 oeuf, battu
- 1 cuillère à soupe de farine de noix de coco
- Une pincée de sel et de poivre noir

Instructions:
1. Dans un bol, mélanger le thon avec l'oignon et les autres ingrédients, sauf l'huile, bien mélanger et former des boulettes de taille moyenne avec ce mélange.
2. Disposer les boulettes de viande sur une plaque à pâtisserie, badigeonner d'huile, cuire au four à 350 degrés F, cuire au four pendant 30 minutes, répartir dans les assiettes et servir.

Nutrition: calories 291, lipides 14,3, fibres 5, glucides 12,4, protéines 11

poêle à saumon

Temps de préparation : 10 minutes
Temps de cuisson : 12 minutes
Portions : 4

Ingrédients:
- 4 filets de saumon, désossés et hachés grossièrement
- 2 cuillères à soupe d'huile d'olive
- 1 poivron rouge, coupé en lanières
- 1 courgette, hachée grossièrement
- 1 aubergine, hachée grossièrement
- 1 cuillère à soupe de jus de citron
- 1 cuillère à soupe d'aneth, haché
- ¼ tasse de bouillon de légumes à faible teneur en sodium
- 1 cuillère à café d'ail en poudre
- Une pincée de poivre noir

Instructions:
1. Faire chauffer une poêle avec de l'huile à feu moyen-élevé, ajouter le poivron, la courgette et l'aubergine, remuer et faire sauter pendant 3 minutes.
2. Ajouter le saumon et les autres ingrédients, mélanger délicatement, cuire encore 9 minutes, répartir dans des assiettes et servir.

Nutrition: Calories 348, Lipides 18,4, Fibres 5,3, Glucides 11,9, Protéines 36,9

mélange de cabillaud à la moutarde

Temps de préparation : 10 minutes
Temps de cuisson : 25 minutes
Portions : 4

Ingrédients:
- 4 filets de cabillaud sans peau et désossé
- Une pincée de poivre noir
- 1 cuillère à café de gingembre, râpé
- 1 cuillère à soupe de moutarde
- 2 cuillères à soupe d'huile d'olive
- 1 cuillère à café de thym, séché
- ¼ cuillère à café de cumin, moulu
- 1 cuillère à café de poudre de curcuma
- ¼ tasse de coriandre, hachée
- 1 tasse de bouillon de légumes à faible teneur en sodium
- 3 gousses d'ail, hachées

Instructions:
1. Mélangez la morue avec le poivre noir, le gingembre et les autres ingrédients dans une casserole, mélangez délicatement et faites cuire à 380 degrés F pendant 25 minutes.
2. Répartir le mélange dans les assiettes et servir.

Nutrition: Calories 176, Lipides 9, Fibres 1, Glucides 3,7, Protéines 21,2

Mélange de crevettes et d'asperges

Temps de préparation : 10 minutes
Temps de cuisson : 14 minutes
Portions : 4

Ingrédients:
- 1 botte d'asperges coupées en deux
- 1 livre de crevettes, décortiquées et éviscérées
- poivre noir au goût
- 2 cuillères à soupe d'huile d'olive
- 1 oignon rouge, haché
- 2 gousses d'ail, hachées
- 1 tasse de crème de noix de coco

Instructions:
1. Faire chauffer une poêle avec de l'huile d'olive à feu moyen, ajouter l'oignon, l'ail et les asperges, remuer et faire sauter pendant 4 minutes.
2. Ajouter les crevettes et les autres ingrédients, remuer, cuire à feu moyen pendant 10 minutes, répartir le tout dans des bols et servir.

Nutrition: Calories 225, Lipides 6, Fibres 3,4, Glucides 8,6, Protéines 8

cabillaud et petits pois

Temps de préparation : 10 minutes
Temps de cuisson : 20 minutes
Portions : 4

Ingrédients:
- 1 oignon jaune, haché
- 2 cuillères à soupe d'huile d'olive
- ½ tasse de bouillon de poulet à faible teneur en sodium
- 4 filets de cabillaud, désossés, sans peau
- poivre noir au goût
- 1 tasse de petits pois

Instructions:
1. Faites chauffer une poêle avec de l'huile d'olive à feu moyen, ajoutez l'oignon, remuez et faites revenir pendant 4 minutes.
2. Ajouter le poisson et cuire 3 minutes de chaque côté.
3. Ajouter les petits pois et les autres ingrédients, cuire le tout encore 10 minutes, répartir dans des assiettes et servir.

Nutrition: Calories 240, Lipides 8,4, Fibres 2,7, Glucides 7,6, Protéines 14

Bols de crevettes et de moules

Temps de préparation : 5 minutes
Temps de cuisson : 12 minutes
Portions : 4

Ingrédients:
- 1 livre de moules, décortiquées
- ½ tasse de bouillon de poulet à faible teneur en sodium
- 1 livre de crevettes, décortiquées et éviscérées
- 2 échalotes hachées
- 1 tasse de tomates cerises, coupées en dés
- 2 gousses d'ail, hachées
- 1 cuillère à soupe d'huile d'olive
- 1 jus de citron

Instructions:
1. Faire chauffer l'huile dans une poêle à feu moyen, ajouter l'oignon et l'ail et faire revenir 2 minutes.
2. Ajouter les crevettes, les moules et les autres ingrédients, cuire le tout à feu moyen pendant 10 minutes, répartir dans des bols et servir.

Nutrition: Calories 240, Lipides 4,9, Fibres 2,4, Glucides 11,6, Protéines 8

crème de menthe

Temps d'installation: 2 heures et 4 minutes

Temps de cuisson : 0 minute
Portions : 4

Ingrédients:
- 4 tasses de yogourt faible en gras
- 1 tasse de crème de noix de coco
- 3 cuillères à soupe de stévia
- 2 cuillères à café de zeste de citron, râpé
- 1 cuillère à soupe de menthe, hachée

Instructions:
1. Mixer la crème avec le yaourt et les autres ingrédients dans un blender, bien battre, répartir dans des petites tasses et réfrigérer 2 heures avant de servir.

Nutrition: Calories 512, Lipides 14,3, Fibres 1,5, Glucides 83,6, Protéines 12,1

pouding aux framboises

Temps de préparation : 10 minutes
Temps de cuisson : 24 mn
Portions : 4

Ingrédients:
- 1 tasse de framboises
- 2 cuillères à café de sucre de coco
- 3 oeufs, battus
- 1 cuillère à soupe d'huile d'avocat
- ½ tasse de lait d'amande
- ½ tasse de farine de noix de coco
- ¼ tasse de yogourt faible en gras

Instructions:
1. Dans un bol, mélanger les framboises avec le sucre et les autres ingrédients, sauf l'aérosol de cuisson, et bien battre.
2. Enduisez un plat à pudding d'un aérosol de cuisson, versez le mélange de framboises, étalez, faites cuire à 400 degrés F pendant 24 minutes, répartissez dans les assiettes à dessert et servez.

Nutrition: Calories 215, Lipides 11,3, Fibres 3,4, Glucides 21,3, Protéines 6,7

barres aux amandes

Temps de préparation : 10 minutes
Temps de cuisson : 30 minutes
Portions : 4

Ingrédients:
- 1 tasse d'amandes, hachées
- 2 œufs, battus
- ½ tasse de lait d'amande
- 1 cuillère à café d'extrait de vanille
- 2/3 tasse de sucre de coco
- 2 tasses de farine de blé entier
- 1 cuillère à café de levure en poudre
- Aérosol de cuisson

Instructions:
1. Dans un bol, mélanger les amandes avec les œufs et les autres ingrédients sauf l'aérosol de cuisson et bien mélanger.
2. Verser dans un moule carré graissé d'un aérosol de cuisson, bien étaler, enfourner 30 minutes, laisser refroidir, couper en barres et servir.

Nutrition: calories 463, lipides 22,5, fibres 11, glucides 54,4, protéines 16,9

mélange de pêches rôties

Temps de préparation : 10 minutes
Temps de cuisson : 30 minutes
Portions : 4

Ingrédients:
- 4 pêches, dénoyautées et coupées en deux
- 1 cuillère de sucre de coco
- 1 cuillère à café d'extrait de vanille
- ¼ cuillère à café de cannelle en poudre
- 1 cuillère à soupe d'huile d'avocat

Instructions:
1. Dans un plat allant au four, mélanger les pêches avec le sucre et les autres ingrédients, cuire au four à 375 degrés F pendant 30 minutes, laisser refroidir et servir.

Nutrition: calories 91, lipides 0,8, fibres 2,5, glucides 19,2, protéines 1,7

Gâteau aux noix

Temps de préparation : 10 minutes
Temps de cuisson : 25 minutes
Portions : 8

Ingrédients:
- 3 tasses de farine d'amande
- 1 tasse de sucre de coco
- 1 cuillère d'extrait de vanille
- ½ tasse de noix, hachées
- 2 cuillères à café de bicarbonate de soude
- 2 tasses de lait de coco
- ½ tasse d'huile de noix de coco, fondue

Instructions:
1. Mélanger la farine d'amande avec le sucre et les autres ingrédients dans un bol, bien battre, verser dans le moule, étaler, mettre au four à 370 degrés F, cuire au four pendant 25 minutes.
2. Laissez le gâteau refroidir, coupez et servez.

Nutrition: Calories 445, Lipides 10, Fibres 6,5, Glucides 31,4, Protéines 23,5

tarte aux pommes

Temps de préparation : 10 minutes
Temps de cuisson : 30 minutes
Portions : 4

Ingrédients:
- 2 tasses de farine d'amande
- 1 cuillère à café de bicarbonate de soude
- 1 cuillère à café de levure en poudre
- ½ cuillère à café de cannelle en poudre
- 2 cuillères de sucre de coco
- 1 tasse de lait d'amande
- 2 pommes vertes, pelées, évidées et tranchées
- Aérosol de cuisson

Instructions:
1. Dans un bol, mélanger la farine avec le bicarbonate de soude, les pommes et les autres ingrédients, sauf l'aérosol de cuisson, et bien battre.
2. Verser sur une plaque à pâtisserie graissée d'un aérosol de cuisson, étaler uniformément, mettre au four et cuire à 360 degrés F pendant 30 minutes.
3. Refroidir le gâteau, couper et servir.

Nutrition: calories 332, lipides 22,4, fibres 9l,6, glucides 22,2, protéines 12,3

crème à la cannelle

Temps de préparation : 2 heures
Temps de cuisson : 10 minutes
Portions : 4

Ingrédients:
- 1 tasse de lait d'amande faible en gras
- 1 tasse de crème de noix de coco
- 2 tasses de sucre de coco
- 2 cuillères de cannelle en poudre
- 1 cuillère à café d'extrait de vanille

Instructions:
1. Faire chauffer la poêle avec le lait d'amande à feu moyen, ajouter le reste des ingrédients, battre et cuire encore 10 minutes.
2. Répartir le mélange dans des bols, laisser refroidir et réfrigérer 2 heures avant de servir.

Nutrition: Calories 254, Lipides 7,5, Fibres 5, Glucides 16,4, Protéines 9,5

Mélange crémeux aux fraises

Temps de préparation : 10 minutes
Temps de cuisson : 0 minute
Portions : 4

Ingrédients:
- 1 cuillère à café d'extrait de vanille
- 2 tasses de fraises hachées
- 1 cuillère à café de sucre de coco
- 8 onces de yogourt faible en gras

Instructions:
1. Mélanger les fraises avec la vanille et les autres ingrédients dans un bol, mélanger et servir froid.

Nutrition: Calories 343, Lipides 13,4, Fibres 6, Glucides 15,43, Protéines 5,5

Brownies à la vanille et aux pacanes

Temps de préparation : 10 minutes
Temps de cuisson : 25 minutes
Portions : 8

Ingrédients:
- 1 tasse de noix, hachées
- 3 cuillères à soupe de sucre de coco
- 2 cuillères de cacao en poudre
- 3 oeufs, battus
- ¼ tasse d'huile de noix de coco, fondue
- ½ cuillère à café de levure chimique
- 2 cuillères à café d'extrait de vanille
- Aérosol de cuisson

Instructions:
1. Dans un robot culinaire, mélanger les noix avec le sucre de coco et les autres ingrédients sauf l'aérosol de cuisson et bien mélanger.
2. Vaporiser un moule carré avec un aérosol de cuisson, verser le mélange à gâteau, étaler, mettre au four, cuire à 350 degrés F pendant 25 minutes, laisser refroidir, trancher et servir.

Nutrition: Calories 370, Lipides 14,3, Fibres 3, Glucides 14,4, Protéines 5,6

gâteau aux fraises

Temps de préparation : 10 minutes
Temps de cuisson : 25 minutes
Portions : 6

Ingrédients:
- 2 tasses de farine de blé entier
- 1 tasse de fraises hachées
- ½ cuillère à café de bicarbonate de soude
- ½ tasse de sucre de coco
- ¾ tasse de lait de coco
- ¼ tasse d'huile de noix de coco, fondue
- 2 œufs, battus
- 1 cuillère à café d'extrait de vanille
- Aérosol de cuisson

Instructions:
1. Dans un bol, mélanger la farine avec les fraises et les autres ingrédients, sauf le Coca en spray, et bien battre.
2. Enduisez un moule à gâteau d'un aérosol de cuisson, versez le mélange à gâteau, étalez, faites cuire à 350 degrés F pendant 25 minutes, laissez refroidir, coupez et servez.

Nutrition: Calories 465, Lipides 22,1, Fibres 4, Glucides 18,3, Protéines 13,4

pouding au cacao

Temps de préparation : 10 minutes
Temps de cuisson : 10 minutes
Portions : 4

Ingrédients:
- 2 cuillères de sucre de coco
- 3 cuillères à soupe de farine de noix de coco
- 2 cuillères de cacao en poudre
- 2 tasses de lait d'amande
- 2 œufs, battus
- ½ cuillère à café d'extrait de vanille

Instructions:
1. Versez le lait dans une casserole, ajoutez le cacao et les autres ingrédients, fouettez, faites cuire à feu moyen pendant 10 minutes, versez dans de petites tasses et servez frais.

Nutrition: Calories 385, Lipides 31,7, Fibres 5,7, Glucides 21,6, Protéines 7,3

Crème de noix de muscade à la vanille

Temps de préparation : 10 minutes
Temps de cuisson : 0 minute
Portions : 6

Ingrédients:
- 3 tasses de lait écrémé
- 1 cuillère à café de muscade, moulue
- 2 cuillères à café d'extrait de vanille
- 4 cuillères à café de sucre de coco
- 1 tasse de noix, hachées

Instructions:
1. Mélanger le lait avec la noix de muscade et les autres ingrédients dans un bol, bien battre, répartir dans des verres et servir frais.

Nutrition: calories 243, lipides 12,4, fibres 1,5, glucides 21,1, protéines 9,7

crème d'avocat

Temps d'installation: 1 heure et 10 minutes

Temps de cuisson : 0 minute
Portions : 4

Ingrédients:
- 2 tasses de crème de noix de coco
- 2 avocats, pelés, dénoyautés et écrasés
- 2 cuillères de sucre de coco
- 1 cuillère à café d'extrait de vanille

Instructions:
1. Mixer la crème avec les avocats et les autres ingrédients dans un blender, bien battre, répartir dans de petites tasses et réfrigérer 1h avant de servir.

Nutrition: Calories 532, Lipides 48,2, Fibres 9,4, Glucides 24,9, Protéines 5,2

crème de framboise

Temps de préparation : 10 minutes
Temps de cuisson : 25 minutes
Portions : 4

Ingrédients:
- 2 cuillères à soupe de farine d'amande
- 1 tasse de crème de noix de coco
- 3 tasses de framboise
- 1 tasse de sucre de coco
- 8 onces de fromage à la crème faible en gras

Instructions:
1. Mettre la farine dans un bol avec la crème et les autres ingrédients, fouetter, transférer dans un moule rond, cuire au four à 360 degrés F pendant 25 minutes, répartir dans des bols de service et servir.

Nutrition: Calories 429, Lipides 36,3, Fibres 7,7, Glucides 21,3, Protéines 7,8

salade de pastèque

Temps de préparation : 4 minutes
Temps de cuisson : 0 minute
Portions : 4

Ingrédients:
- 1 tasse de pastèque, pelée et coupée en dés
- 2 pommes, dénoyautées et hachées
- 1 cuillère de crème de coco
- 2 bananes, coupées en morceaux

Instructions:
1. Dans un bol, mélanger la pastèque avec les pommes et les autres ingrédients, mélanger et servir.

Nutrition: Calories 131, Lipides 1.3, Fibres 4.5, Glucides 31.9, Protéines 1.3

Mélange poire et noix de coco

Temps de préparation : 10 minutes
Temps de cuisson : 10 minutes
Portions : 4

Ingrédients:
- 2 cuillères à café de jus de citron
- ½ tasse de crème de noix de coco
- ½ tasse de noix de coco râpée
- 4 poires, dénoyautées et coupées en dés
- 4 cuillères de sucre de coco

Instructions:
1. Mélanger les poires avec le jus de citron et les autres ingrédients dans une casserole, remuer, placer sur feu moyen et cuire 10 minutes.
2. Répartir dans des bols et servir froid.

Nutrition: Calories 320, Lipides 7,8, Fibres 3, Glucides 6,4, Protéines 4,7

confiture de pomme

Temps de préparation : 10 minutes
Temps de cuisson : 15 minutes
Portions : 4

Ingrédients:
- 5 cuillères de sucre de coco
- 2 tasses de jus d'orange
- 4 pommes, dénoyautées et coupées en dés

Instructions:
1. Mélanger les pommes avec le sucre et le jus d'orange dans une casserole, remuer, placer sur feu moyen, cuire 15 minutes, répartir dans des bols et servir froid.

Nutrition: Calories 220, Lipides 5.2, Fibres 3, Glucides 5.6, Protéines 5.6

ragoût d'abricot

Temps de préparation : 10 minutes
Temps de cuisson : 15 minutes
Portions : 4

Ingrédients:
- 2 tasses d'abricots coupés en deux
- 2 tasses d'eau
- 2 cuillères de sucre de coco
- 2 cuillères à soupe de jus de citron

Instructions:
1. Mélanger les abricots avec l'eau et les autres ingrédients dans une casserole, jeter, cuire à feu moyen pendant 15 minutes, répartir dans des bols et servir.

Nutrition: Calories 260, Lipides 6.2, Fibres 4.2, Glucides 5.6, Protéines 6

Mélange citron cantaloup

Temps de préparation : 10 minutes
Temps de cuisson : 10 minutes
Portions : 4

Ingrédients:
- 2 tasses de cantaloup, pelé et haché grossièrement
- 4 cuillères de sucre de coco
- 2 cuillères à café d'extrait de vanille
- 2 cuillères à café de jus de citron

Instructions:
1. Mélanger le melon avec le sucre et les autres ingrédients dans une petite casserole, remuer, chauffer à feu moyen, cuire environ 10 minutes, répartir dans des bols et servir froid.

Nutrition: Calories 140, Lipides 4, Fibres 3,4, Glucides 6,7, Protéines 5

crème onctueuse à la rhubarbe

Temps de préparation : 10 minutes
Temps de cuisson : 14 minutes
Portions : 4

Ingrédients:
- 1/3 tasse de fromage à la crème faible en gras
- ½ tasse de crème de noix de coco
- 2 livres de rhubarbe, hachée grossièrement
- 3 cuillères à soupe de sucre de coco

Instructions:
1. Battre le fromage à la crème avec la crème de lait et les autres ingrédients dans le mélangeur et bien battre.
2. Répartir dans de petites tasses, mettre au four et cuire à 350 degrés F pendant 14 minutes.
3. Servir froid.

Nutrition: Calories 360, Lipides 14,3, Fibres 4,4, Glucides 5,8, Protéines 5,2

bols d'ananas

Temps de préparation : 10 minutes
Temps de cuisson : 0 minute
Portions : 4

Ingrédients:
- 3 tasses d'ananas pelé et haché
- 1 cuillère à café de graines de chia
- 1 tasse de crème de noix de coco
- 1 cuillère à café d'extrait de vanille
- 1 cuillère à soupe de menthe, hachée

Instructions:
1. Mélanger l'ananas avec la crème et les autres ingrédients dans un bol, jeter, répartir dans des bols plus petits et réfrigérer 10 minutes avant de servir.

Nutrition: Calories 238, Lipides 16,6, Fibres 5,6, Glucides 22,8, Protéines 3,3

ragoût de myrtilles

Temps de préparation : 10 minutes
Temps de cuisson : 10 minutes
Portions : 4

Ingrédients:
- 2 cuillères à soupe de jus de citron
- 1 tasse d'eau
- 3 cuillères à soupe de sucre de coco
- 12 onces de bleuets

Instructions:
1. Mélanger les myrtilles avec le sucre et les autres ingrédients dans une casserole, porter à ébullition et cuire à feu moyen pendant 10 minutes.
2. Répartir dans des bols et servir.

Nutrition: Calories 122, Lipides 0,4, Fibres 2,1, Glucides 26,7, Protéines 1,5

Pudding au citron

Temps de préparation : 10 minutes
Temps de cuisson : 15 minutes
Portions : 4

Ingrédients:
- 2 tasses de crème de noix de coco
- jus de 1 citron vert
- Le zeste de 1 citron vert, râpé
- 3 cuillères à soupe d'huile de noix de coco, fondue
- 1 oeuf, battu
- 1 cuillère à café de levure en poudre

Instructions:
1. Dans un bol, mélanger la crème avec le jus de lime et le reste des ingrédients et bien battre.
2. Répartir dans de petits ramequins, mettre au four et cuire à 360 degrés F pendant 15 minutes.
3. Servir le pudding froid.

Nutrition: Calories 385, Lipides 39,9, Fibres 2,7, Glucides 8,2, Protéines 4,2

crème de pêche

Temps de préparation : 10 minutes
Temps de cuisson : 0 minute
Portions : 4

Ingrédients:
- 3 tasses de crème de noix de coco
- 2 pêches dénoyautées et hachées
- 1 cuillère à café d'extrait de vanille
- ½ tasse d'amandes, hachées

Instructions:
1. Battre la crème et les autres ingrédients au mélangeur, bien battre, répartir dans des petits bols et servir froid.

Nutrition: calories 261, lipides 13, fibres 5,6, glucides 7, protéines 5,4

Mélange cannelle et prune

Temps de préparation : 10 minutes
Temps de cuisson : 15 minutes
Portions : 4

Ingrédients:
- 1 livre de prunes, dénoyautées et coupées en deux
- 2 cuillères de sucre de coco
- ½ cuillère à café de cannelle en poudre
- 1 tasse d'eau

Instructions:
1. Mélanger les prunes avec le sucre et les autres ingrédients dans une casserole, porter à ébullition et cuire à feu moyen pendant 15 minutes.
2. Répartir dans des bols et servir froid.

Nutrition: Calories 142, Lipides 4, Fibres 2.4, Glucides 14, Protéines 7

Pommes Chia et Vanille

Temps de préparation : 10 minutes
Temps de cuisson : 10 minutes
Portions : 4

Ingrédients:
- 2 tasses de pommes, dénoyautées et tranchées
- 2 cuillères à soupe de graines de chia
- 1 cuillère à café d'extrait de vanille
- 2 tasses de jus de pomme naturellement non sucré

Instructions:
1. Mélanger les pommes avec les graines de chia et les autres ingrédients dans une petite casserole, jeter, cuire à feu moyen pendant 10 minutes, répartir dans des bols de service et servir froid.

Nutrition: Calories 172, Lipides 5,6, Fibres 3,5, Glucides 10, Protéines 4,4

Pouding au riz et aux poires

Temps de préparation : 10 minutes
Temps de cuisson : 25 minutes
Portions : 4

Ingrédients:
- 6 tasses d'eau
- 1 tasse de sucre de coco
- 2 tasses de riz noir
- 2 poires, dénoyautées et coupées en dés
- 2 cuillères à café de cannelle en poudre

Instructions:
1. Versez l'eau dans une casserole, faites chauffer à feu moyen-élevé, ajoutez le riz, le sucre et les autres ingrédients, remuez, portez à ébullition, réduisez le feu à moyen et laissez cuire 25 minutes.
2. Répartir dans des bols et servir froid.

Nutrition: Calories 290, Lipides 13,4, Fibres 4, Glucides 13,20, Protéines 6,7

ragoût de rhubarbe

Temps de préparation : 10 minutes
Temps de cuisson : 15 minutes
Portions : 4

Ingrédients:
- 2 tasses de rhubarbe, hachée grossièrement
- 3 cuillères à soupe de sucre de coco
- 1 cuillère à café d'extrait d'amande
- 2 tasses d'eau

Instructions:
1. Mélanger la rhubarbe avec les autres ingrédients dans une casserole, jeter, mettre sur feu moyen, cuire 15 minutes, répartir dans des bols et servir froid.

Nutrition: Calories 142, Lipides 4.1, Fibres 4.2, Glucides 7, Protéines 4

crème de rhubarbe

Temps de préparation : 1h
Temps de cuisson : 10 minutes
Portions : 4

Ingrédients:
- 2 tasses de crème de noix de coco
- 1 tasse de rhubarbe hachée
- 3 oeufs, battus
- 3 cuillères à soupe de sucre de coco
- 1 cuillère à soupe de jus de citron

Instructions:
1. Dans une petite casserole, mélanger la crème avec la rhubarbe et les autres ingrédients, bien battre, cuire à feu moyen pendant 10 minutes, écraser au mélangeur, répartir dans des bols et réfrigérer pendant 1 heure avant de servir.

Nutrition: Calories 230, Lipides 8,4, Fibres 2,4, Glucides 7,8, Protéines 6

salade de myrtilles

Temps de préparation : 5 minutes
Temps de cuisson : 0 minute
Portions : 4

Ingrédients:
- 2 tasses de bleuets
- 3 cuillères à soupe de menthe, hachée
- 1 poire, dénoyautée et coupée en dés
- 1 pomme, dénoyautée et hachée
- 1 cuillère de sucre de coco

Instructions:
1. Dans un bol, mélanger les myrtilles avec la menthe et les autres ingrédients, mélanger et servir froid.

Nutrition: Calories 150, Lipides 2,4, Fibres 4, Glucides 6,8, Protéines 6

Crème de dattes et banane

Temps de préparation : 5 minutes
Temps de cuisson : 0 minute
Portions : 4

Ingrédients:
- 1 tasse de lait d'amande
- 1 banane pelée et tranchée
- 1 cuillère à café d'extrait de vanille
- ½ tasse de crème de noix de coco
- dattes hachées

Instructions:
1. Mixer les dattes avec les bananes et les autres ingrédients dans un blender, bien mixer, répartir dans de petites coupelles et servir froid.

Nutrition: Calories 271, Lipides 21,6, Fibres 3,8, Glucides 21,2, Protéines 2,7

petits pains aux prunes

Temps de préparation : 10 minutes
Temps de cuisson : 25 minutes
Portions : 12

Ingrédients:
- 3 cuillères à soupe d'huile de noix de coco, fondue
- ½ tasse de lait d'amande
- 4 oeufs, battus
- 1 cuillère à café d'extrait de vanille
- 1 tasse de farine d'amande
- 2 cuillères à café de cannelle en poudre
- ½ cuillère à café de levure chimique
- 1 tasse de pruneaux dénoyautés et hachés

Instructions:
1. Mélanger l'huile de noix de coco avec le lait d'amande et les autres ingrédients dans un bol et bien fouetter.
2. Répartir dans un moule à muffins, placer dans un four à 350 degrés F et cuire au four pendant 25 minutes.
3. Servir les pains froids.

Nutrition: Calories 270, Lipides 3,4, Fibres 4,4, Glucides 12, Protéines 5

Bols de pruneaux et raisins secs

Temps de préparation : 10 minutes
Temps de cuisson : 20 minutes
Portions : 4

Ingrédients:
- ½ livre de prunes, dénoyautées et coupées en deux
- 2 cuillères de sucre de coco
- 4 cuillères de raisins secs
- 1 cuillère à café d'extrait de vanille
- 1 tasse de crème de noix de coco

Instructions:
1. Mélanger les prunes avec le sucre et les autres ingrédients dans une casserole, porter à ébullition et cuire à feu moyen pendant 20 minutes.
2. Répartir dans des bols et servir.

Nutrition: Calories 219, Lipides 14,4, Fibres 1,8, Glucides 21,1, Protéines 2,2

barres de tournesol

Temps de préparation : 10 minutes
Temps de cuisson : 20 minutes
Portions : 6

Ingrédients:
- 1 tasse de farine de noix de coco
- ½ cuillère à café de bicarbonate de soude
- 1 cuillère à soupe de graines de lin
- 3 cuillères à soupe de lait d'amande
- 1 tasse de graines de tournesol
- 2 cuillères à soupe d'huile de noix de coco, fondue
- 1 cuillère à café d'extrait de vanille

Instructions:
1. Mélanger la farine avec le bicarbonate de soude et le reste des ingrédients dans un bol, bien mélanger, étaler sur une plaque à pâtisserie, bien presser, cuire à 350 degrés F pendant 20 minutes, laisser refroidir, couper en barres. et servir.

Nutrition: calories 189, lipides 12,6, fibres 9,2, glucides 15,7, protéines 4,7

Bols aux canneberges et noix de cajou

Temps de préparation : 10 minutes

Temps de cuisson : 0 minute

Portions : 4

Ingrédients:

- 1 tasse de noix de cajou
- 2 tasses de mûres
- ¾ tasse de crème de noix de coco
- 1 cuillère à café d'extrait de vanille
- 1 cuillère de sucre de coco

Instructions:

1. Dans un bol, mélanger les noix de cajou avec les fruits et autres ingrédients, mélanger, répartir dans des petits bols et servir.

Nutrition: Calories 230, Lipides 4, Fibres 3.4, Glucides 12.3, Protéines 8

Bols d'oranges et de mandarines

Temps de préparation : 4 minutes
Temps de cuisson : 8 minutes
Portions : 4

Ingrédients:
- 4 oranges, pelées et coupées en rondelles
- 2 mandarines pelées et tranchées
- jus de 1 citron vert
- 2 cuillères de sucre de coco
- 1 tasse d'eau

Instructions:
1. Mélanger les oranges avec les mandarines et les autres ingrédients dans une casserole, porter à ébullition et cuire à feu moyen pendant 8 minutes.
2. Répartir dans des bols et servir froid.

Nutrition: Calories 170, Lipides 2.3, Fibres 2.3, Glucides 11, Protéines 3.4

Crème de potiron

Temps de préparation : 2 heures
Temps de cuisson : 0 minute
Portions : 4

Ingrédients:
- 2 tasses de crème de noix de coco
- 1 tasse de purée de citrouille
- 14 onces de crème de noix de coco
- 3 cuillères à soupe de sucre de coco

Instructions:
1. Mélanger la crème avec la purée de potiron et les autres ingrédients dans un bol, bien battre, répartir dans des petits bols et réfrigérer 2 heures avant de servir.

Nutrition: Calories 350, Lipides 12,3, Fibres 3, Glucides 11,7, Protéines 6

Un mélange de figues et de rhubarbe

Temps de préparation : 6 minutes
Temps de cuisson : 14 minutes
Portions : 4

Ingrédients:
- 2 cuillères à soupe d'huile de noix de coco, fondue
- 1 tasse de rhubarbe, hachée grossièrement
- 12 figues coupées en deux
- ¼ tasse de sucre de coco
- 1 tasse d'eau

Instructions:
1. Faites chauffer une poêle avec de l'huile d'olive à feu moyen, ajoutez les figues et les autres ingrédients, remuez, laissez cuire 14 minutes, répartissez dans de petites tasses et servez froid.

Nutrition: Calories 213, Lipides 7.4, Fibres 6.1, Glucides 39, Protéines 2.2

banane épicée

Temps de préparation : 4 minutes
Temps de cuisson : 15 minutes
Portions : 4

Ingrédients:
- 4 bananes, pelées et coupées en deux
- 1 cuillère à café de muscade, moulue
- 1 cuillère à café de cannelle en poudre
- jus de 1 citron vert
- 4 cuillères de sucre de coco

Instructions:
1. Placer les bananes sur une plaque à pâtisserie, ajouter la muscade et les autres ingrédients, cuire au four à 350 degrés F pendant 15 minutes.
2. Répartir les bananes rôties dans les assiettes et servir.

Nutrition: Calories 206, Lipides 0,6, Fibres 3,2, Glucides 47,1, Protéines 2,4

cocktail de cacao

Temps de préparation : 5 minutes
Temps de cuisson : 0 minute
Portions : 2

Ingrédients:

- 2 cuillères à café de cacao en poudre
- 1 avocat, dénoyauté, pelé et écrasé
- 1 tasse de lait d'amande
- 1 tasse de crème de noix de coco

Instructions:

1. Mixer le lait d'amande avec la crème et les autres ingrédients dans un blender, bien battre, répartir dans des petits verres et servir frais.

Nutrition: Calories 155, Lipides 12,3, Fibres 4, Glucides 8,6, Protéines 5

barres de banane

Temps de préparation : 30 minutes

Temps de cuisson : 0 minute

Portions : 4

Ingrédients:

- 1 tasse d'huile de noix de coco, fondue
- 2 bananes, pelées et coupées en tranches
- 1 avocat, pelé, dénoyauté et écrasé
- ½ tasse de sucre de coco
- ¼ tasse de jus de citron
- 1 cuillère à café de zeste de citron, râpé
- Aérosol de cuisson

Instructions:

1. Dans un robot culinaire, mélanger les bananes avec l'huile et les autres ingrédients, à l'exception de l'aérosol de cuisson, et bien mélanger.
2. Graisser un plat allant au four avec un spray, verser et étaler le mélange de bananes, couvrir, réfrigérer 30 minutes, couper en barres et servir.

Nutrition: Calories 639, Lipides 64,6, Fibres 4,9, Glucides 20,5, Protéines 1,7

Barres au thé vert et aux dattes

Temps de préparation : 10 minutes
Temps de cuisson : 30 minutes
Portions : 8

Ingrédients:
- 2 cuillères à café de poudre de thé vert
- 2 tasses de lait de coco, chauffé
- ½ tasse d'huile de noix de coco, fondue
- 2 tasses de sucre de coco
- 4 oeufs, battus
- 2 cuillères à café d'extrait de vanille
- 3 tasses de farine d'amande
- 1 cuillère à café de bicarbonate de soude
- 2 cuillères à café de levure chimique

Instructions:
1. Mélanger le lait de coco avec la poudre de thé vert et les ingrédients restants dans un bol, bien mélanger, verser en forme de carré, étaler, cuire au four à 350 degrés F pendant 30 minutes, refroidir, trancher. dans les bars et servir.

Nutrition: Calories 560, Lipides 22,3, Fibres 4, Glucides 12,8, Protéines 22,1

crème de noix

Temps de préparation : 2 heures
Temps de cuisson : 0 minute
Portions : 4

Ingrédients:
- 2 tasses de lait d'amande
- ½ tasse de crème de noix de coco
- ½ tasse de noix, hachées
- 3 cuillères à soupe de sucre de coco
- 1 cuillère à café d'extrait de vanille

Instructions:
1. Mélanger le lait d'amande avec la crème et les autres ingrédients dans un bol, bien battre, répartir dans des petites tasses et réfrigérer 2 heures avant de servir.

Nutrition: Calories 170, Lipides 12,4, Fibres 3, Glucides 12,8, Protéines 4

Gâteau au citron

Temps de préparation : 10 minutes
Temps de cuisson : 35 mn
Portions : 6

Ingrédients:
- 2 tasses de farine de blé entier
- 1 cuillère à café de levure en poudre
- 2 cuillères à soupe d'huile de noix de coco, fondue
- 1 oeuf, battu
- 3 cuillères à soupe de sucre de coco
- 1 tasse de lait d'amande
- 1 zeste de citron, râpé
- 1 jus de citron

Instructions:
1. Mélanger la farine avec l'huile et les autres ingrédients dans un bol, bien battre, transférer sur une plaque à pâtisserie et cuire au four à 360 degrés F pendant 35 minutes.
2. Trancher et servir froid.

Nutrition: Calories 222, Lipides 12,5, Fibres 6,2, Glucides 7, Protéines 17,4

barres aux raisins secs

Temps de préparation : 10 minutes
Temps de cuisson : 25 minutes
Portions : 6

Ingrédients:
- 1 cuillère à café de cannelle en poudre
- 2 tasses de farine d'amande
- 1 cuillère à café de levure en poudre
- ½ cuillère à café de muscade, moulue
- 1 tasse d'huile de noix de coco, fondue
- 1 tasse de sucre de coco
- 1 oeuf, battu
- 1 tasse de raisins secs

Instructions:
1. Mélanger la farine avec la cannelle et les autres ingrédients dans un bol, bien mélanger, étaler sur une plaque à pâtisserie, mettre au four, cuire à 380 degrés F pendant 25 minutes, couper en lanières et servir froid.

Nutrition: Calories 274, Lipides 12, Fibres 5.2, Glucides 14.5, Protéines 7

carrés de nectarine

Temps de préparation : 10 minutes
Temps de cuisson : 20 minutes
Portions : 4

Ingrédients:
- 3 nectarines, dénoyautées et hachées
- 1 cuillère de sucre de coco
- ½ cuillère à café de bicarbonate de soude
- 1 tasse de farine d'amande
- 4 cuillères à soupe d'huile de noix de coco, fondue
- 2 cuillères de cacao en poudre

Instructions:
1. Mixer les nectarines avec le sucre et le reste des ingrédients dans un blender, bien mixer, verser dans un moule carré chemisé, étaler, cuire à 375 degrés F pendant 20 minutes, laisser refroidir légèrement le mélange. , Couper en carrés et servir.

Nutrition: Calories 342, Lipides 14,4, Fibres 7,6, Glucides 12, Protéines 7,7

ragoût de raisin

Temps de préparation : 10 minutes
Temps de cuisson : 20 minutes
Portions : 4

Ingrédients:
- 1 tasse de raisins verts
- Jus de ½ citron vert
- 2 cuillères de sucre de coco
- 1 et ½ tasse d'eau
- 2 cuillères à café de cardamome en poudre

Instructions:
1. Faire chauffer une casserole avec de l'eau à feu moyen, ajouter les raisins et les autres ingrédients, porter à ébullition, cuire 20 minutes, répartir dans des bols et servir.

Nutrition: Calories 384, Lipides 12,5, Fibres 6,3, Glucides 13,8, Protéines 5,6

crème de mandarine et de prune

Temps de préparation : 10 minutes
Temps de cuisson : 20 minutes
Portions : 4

Ingrédients:
- 1 mandarine pelée et hachée
- ½ livre de pruneaux, dénoyautés et hachés
- 1 tasse de crème de noix de coco
- 2 jus de mandarine
- 2 cuillères de sucre de coco

Instructions:
1. Mélanger les mandarines avec les pruneaux et les ingrédients restants dans un mélangeur, bien mélanger, casser en petits morceaux, mettre au four, cuire à 350 degrés F pendant 20 minutes et servir froid.

Nutrition: Calories 402, Lipides 18,2, Fibres 2, Glucides 22,2, Protéines 4,5

Crème Cerise et Fraise

Temps de préparation : 10 minutes
Temps de cuisson : 0 minute
Portions : 6

Ingrédients:
- 1 livre de cerises dénoyautées
- 1 tasse de fraises hachées
- ¼ tasse de sucre de coco
- 2 tasses de crème de noix de coco

Instructions:
1. Mixer les cerises avec les autres ingrédients dans un blender, bien mixer, répartir dans des verres et servir froid.

Nutrition: Calories 342, Lipides 22,1, Fibres 5,6, Glucides 8,4, Protéines 6,5

Noix de cardamome et riz au lait

Temps de préparation : 5 minutes
Temps de cuisson : 40 minutes
Portions : 4

Ingrédients:
- 1 tasse de riz basmati
- 3 tasses de lait d'amande
- 3 cuillères à soupe de sucre de coco
- ½ cuillère à café de cardamome en poudre
- ¼ tasse de noix, hachées

Instructions:
1. Mélanger le riz avec le lait et les autres ingrédients dans une casserole, remuer, cuire 40 minutes à feu moyen, répartir dans des bols et servir froid.

Nutrition: Calories 703, Lipides 47,9, Fibres 5,2, Glucides 62,1, Protéines 10,1

pain aux poires

Temps de préparation : 10 minutes
Temps de cuisson : 30 minutes
Portions : 4

Ingrédients:
- 2 tasses de poires, dénoyautées et coupées en dés
- 1 tasse de sucre de coco
- 2 œufs, battus
- 2 tasses de farine d'amande
- 1 cuillère de levure chimique
- 1 cuillère à soupe d'huile de noix de coco, fondue

Instructions:
1. Mélanger les poires avec le sucre et les autres ingrédients dans un bol, fouetter, verser dans un plat allant au four, mettre au four et cuire à 350 degrés F pendant 30 minutes.
2. Trancher et servir froid.

Nutrition: Calories 380, Lipides 16,7, Fibres 5, Glucides 17,5, Protéines 5,6

Riz au lait et cerise

Temps de préparation : 10 minutes
Temps de cuisson : 25 minutes
Portions : 4

Ingrédients:
- 1 cuillère à soupe d'huile de noix de coco, fondue
- 1 tasse de riz blanc
- 3 tasses de lait d'amande
- ½ tasse de cerises, dénoyautées et coupées en deux
- 3 cuillères à soupe de sucre de coco
- 1 cuillère à café de cannelle en poudre
- 1 cuillère à café d'extrait de vanille

Instructions:
1. Mélanger l'huile avec le riz et les autres ingrédients dans une casserole, remuer, porter à ébullition, cuire 25 minutes à feu moyen, répartir dans des bols et servir froid.

Nutrition: Calories 292, Lipides 12,4, Fibres 5,6, Glucides 8, Protéines 7

ragoût de pastèque

Temps de préparation : 5 minutes
Temps de cuisson : 8 minutes
Portions : 4

Ingrédients:
- jus de 1 citron vert
- 1 cuillère à café de zeste de citron, râpé
- 1 et ½ tasse de sucre de coco
- 4 tasses de pastèque, pelée et coupée en gros morceaux
- 1 et ½ tasse d'eau

Instructions:
1. Mélangez la pastèque avec le zeste de citron dans une casserole et mélangez les autres ingrédients, placez sur feu moyen, laissez cuire 8 minutes, répartissez dans des bols et servez froid.

Nutrition:: calories 233, lipides 0,2, fibres 0,7, glucides 61,5, protéines 0,9

pouding au gingembre

Temps de préparation : 1h
Temps de cuisson : 0 minute
Portions : 4

Ingrédients:
- 2 tasses de lait d'amande
- ½ tasse de crème de noix de coco
- 2 cuillères de sucre de coco
- 1 cuillère à soupe de gingembre, râpé
- ¼ tasse de graines de chia

Instructions:
1. Mélanger le lait avec la crème et les autres ingrédients dans un bol, bien battre, répartir dans des petites tasses et réfrigérer 1 heure avant de servir.

Nutrition: Calories 345, Lipides 17, Fibres 4.7, Glucides 11.5, Protéines 6.9

crème de cajou

Temps de préparation : 2 heures
Temps de cuisson : 0 minute
Portions : 4

Ingrédients:

- 1 tasse de noix de cajou hachées
- 2 cuillères à soupe d'huile de noix de coco, fondue
- 2 cuillères à soupe d'huile de noix de coco, fondue
- 1 tasse de crème de noix de coco
- cuillères à jus de citron
- 1 cuillère de sucre de coco

Instructions:

1. Battre les noix de cajou avec l'huile de noix de coco et les autres ingrédients dans un mélangeur, bien mélanger, répartir dans de petites tasses et réfrigérer pendant 2 heures avant de servir.

Nutrition: Calories 480, Lipides 43,9, Fibres 2,4, Glucides 19,7, Protéines 7

biscuits au chanvre

Temps de préparation : 30 minutes
Temps de cuisson : 0 minute
Portions : 6

Ingrédients:
- 1 tasse d'amandes trempées toute la nuit et égouttées
- 2 cuillères de cacao en poudre
- 1 cuillère de sucre de coco
- ½ tasse de graines de chanvre
- ¼ tasse de noix de coco râpée
- ½ tasse d'eau

Instructions:
1. Mélanger les amandes avec la poudre de cacao et les autres ingrédients dans un robot culinaire, bien mélanger, tapisser une plaque à pâtisserie, réfrigérer pendant 30 minutes, trancher et servir.

Nutrition: Calories 270, Lipides 12,6, Fibres 3, Glucides 7,7, Protéines 7

Bols aux amandes et à la grenade

Temps de préparation : 2 heures
Temps de cuisson : 0 minute
Portions : 4

Ingrédients:
- ½ tasse de crème de noix de coco
- 1 cuillère à café d'extrait de vanille
- 1 tasse d'amandes, hachées
- 1 tasse de graines de grenade
- 1 cuillère de sucre de coco

Instructions:
1. Mélanger les amandes avec la crème et les autres ingrédients dans un bol, mélanger, répartir dans de petits bols et servir.

Nutrition: Calories 258, Lipides 19, Fibres 3.9, Glucides 17.6, Protéines 6.2

Cuisses de poulet et légumes au romarin

Temps de préparation : 10 minutes
Temps de cuisson : 40 minutes
Portions : 4

Ingrédients:
- 2 livres de poitrine de poulet sans peau, désossée et coupée en cubes
- 1 carotte, en cubes
- 1 branche de céleri, hachée
- 1 tomate, coupée en dés
- 2 petits oignons rouges, hachés
- 1 courgette, en cubes
- 2 gousses d'ail, hachées
- 1 cuillère à soupe de romarin, haché
- 2 cuillères à soupe d'huile d'olive
- poivre noir au goût
- ½ tasse de bouillon de légumes à faible teneur en sodium

Instructions:
1. Faites chauffer une poêle avec de l'huile d'olive à feu moyen, ajoutez l'oignon et l'ail, remuez et faites revenir pendant 5 minutes.
2. Ajouter le poulet, mélanger et cuire encore 5 minutes.
3. Ajouter la carotte et les autres ingrédients, mélanger, porter à ébullition et cuire à feu moyen pendant 30 minutes.
4. Répartir le mélange dans les assiettes et servir.

Nutrition: Calories 325, Lipides 22,5, Fibres 6,1, Glucides 15,5, Protéines 33,2

Poulet aux carottes et au chou

Temps de préparation : 10 minutes
Temps de cuisson : 25 minutes
Portions : 4

Ingrédients:

- 1 livre de poitrine de poulet sans peau, désossée et coupée en cubes
- 2 cuillères à soupe d'huile d'olive
- 2 carottes, pelées et râpées
- 1 cuillère à café de paprika doux
- ½ tasse de bouillon de légumes à faible teneur en sodium
- 1 tête de chou rouge, haché
- 1 oignon jaune, haché
- poivre noir au goût

Instructions:

1. Faire chauffer une poêle avec de l'huile à feu moyen, ajouter l'oignon, remuer et faire revenir pendant 5 minutes.
2. Ajouter la viande et cuire encore 5 minutes.
3. Ajouter la carotte et les autres ingrédients, mélanger, porter à ébullition et cuire à feu moyen pendant 15 minutes.
4. Répartissez le tout dans les assiettes et servez.

Nutrition: Calories 370, Lipides 22,2, Fibres 5,2, Glucides 44,2, Protéines 24,2

Sandwich aux aubergines et à la dinde

Temps de préparation : 10 minutes
Temps de cuisson : 25 minutes
Portions : 4

Ingrédients:

- 1 poitrine de dinde sans peau et désossée, coupée en 4 morceaux
- 1 aubergine, coupée en 4 tranches
- poivre noir au goût
- 1 cuillère à soupe d'huile d'olive
- 1 cuillère à soupe d'origan, haché
- ½ tasse de sauce tomate à faible teneur en sodium
- ½ tasse de fromage cheddar faible en gras, râpé
- 4 tranches de pain de blé entier

Instructions:
1. Faire chauffer un gril à feu moyen-élevé, ajouter les tranches de dinde, arroser de la moitié de l'huile, saupoudrer de poivre noir, cuire 8 minutes de chaque côté et déposer sur une assiette.
2. Disposer les tranches d'aubergine sur le gril préchauffé, arroser du reste d'huile et assaisonner de poivre noir, faire revenir 4 minutes de chaque côté et transférer également dans l'assiette avec les tranches de dinde.
3. Déposer 2 tranches de pain sur un plan de travail, répartir le fromage dans chacune, répartir les tranches d'aubergine et de dinde dans chacune, saupoudrer d'origan, arroser de sauce et recouvrir avec les 2 autres tranches de pain.
4. Répartir les sandwichs dans les assiettes et servir.

Nutrition: Calories 280, Lipides 12,2, Fibres 6, Glucides 14, Protéines 12

www.ingramcontent.com/pod-product-compliance
Lightning Source LLC
Chambersburg PA
CBHW070412120526
44590CB00014B/1369